干事

新时代党员干部的12种新干法

路大虎 著

·北京·
中央党校出版集团 ● 国家行政管理出版社

图书在版编目（CIP）数据

干事：新时代党员干部的 12 种新干法 / 路大虎著.
--北京：国家行政管理出版社，2020. 12（2021. 10 重印）
ISBN 978-7-5150-2510-0

Ⅰ. ①干… Ⅱ. ①路… Ⅲ. ①中国共产党—干部教育
—研究 Ⅳ. ①D262. 3

中国版本图书馆 CIP 数据核字（2020）第 228052 号

书　　名　干事——新时代党员干部的 12 种新干法
GANSHI XINSHIDAI DANGYUAN GANBU DE 12 ZHONG XINGANFA
作　　者　路大虎　著
责任编辑　王　莹　李瑞琪
出版发行　国家行政管理出版社
（北京市海淀区长春桥 6 号　100089）
综 合 办　（010）68928903
发 行 部　（010）68922366　68928870
经　　销　新华书店
印　　刷　北京盛通印刷股份有限公司
版　　次　2021 年 1 月北京第 1 版
印　　次　2021 年 10 月北京第 2 次印刷
开　　本　170 毫米 ×240 毫米　16 开
印　　张　15. 25
字　　数　221 千字
定　　价　49. 00 元

本书如有印装问题，可联系调换，联系电话：（010）68929022

目　录

CONTENTS

能 干 篇

干成篇

以“闯”的精神、“创”的劲头、“干”的作风，在大有可为的时代大有可为

一

前段时间，我应某大型国有企业之邀，为其上千名干部职工做了一次“新时代领导干部的12种干法”专题讲座，课后该国企董事长总结说：“现在全党上下、全国上下，都在积极响应中央号召，起而行之、勇挑重担、担当作为、真抓实干、攻坚克难，在危机中育先机、于变局中开新局，为第十四个五年规划和二〇三五年远景目标的实现，为全面建设社会主义现代化国家新征程、向第二个百年奋斗目标进军肩负起新时代的职责和使命。这是一个多么好的时代，大家有机会发挥才干、大显身手、实现人生价值，我们集团也为干部职工积极搭建舞台、创造平台，等你来。但还是有一些干部职工，怎么推都推不动，怎么叫都叫不醒……”

我插话说：“咱们有办法叫醒睡着的人，但如果他在装睡，你怎么叫都不会叫醒，对这类人，就继续让他装睡，直到他远远掉队。”

台下一片笑声。

我继续补充道：“有位心理学大师说，他不会花一秒钟去改变任何一个人，除非这个人自己一定要改变。”

二

当下，世界进入动荡变革时期，2020年是一个不寻常的年份，2021年也会是一个不寻常的年份，未来若干年都会是不寻常的年

份——百年未有之大变局的火山岩浆正在持续翻滚酝酿之中，一只只“黑天鹅”刚刚张开翅膀，一头头“灰犀牛”已经奔涌而来，全球疫情大流行，逆全球化甚嚣尘上，保护主义、单边主义上升，霸权思维横行，全球经济持续低迷，各种恐怖事件层出不穷，小规模局部战事此起彼伏，全世界都在煎熬中沉浮枯荣，中国也在面临着巨大的外部环境恶化和内部诸多不确定因素的叠加压力。

这也是一个最好的时代，中国战“疫”初战告捷、经济和社会发展快速恢复并持续向好，决胜全面建成小康社会取得决定性成就、即将实现第一个百年奋斗目标，在世界上以一枝独秀的亮丽风景生动诠释了中国精神、中国力量、中国担当、中国作为和中国式奋进。我们正处在大有可为的新时代！

无论是回顾近百年的光辉历程、70多年的社会主义新中国建设道路，还是思考、总结党中央带领全国人民历次应对各种突发事件、极端事件的大担当、大作为，都不难发现，一支对党忠诚、对人民负责的高素质党员干部队伍发挥着中流砥柱的作用。从13人到9000多万人，我们这支世界上最庞大的干部队伍以“闯”的精神、“创”的劲头、“干”的作风凝聚了世界上最强大的力量，创造了一个个人间奇迹。

大变局时代，如何直面复杂形势和艰巨任务，在危机中育先机、于变局中开新局，是每一名党员干部站在新的历史起点需要思考的问题。只有不忘初心、牢记使命，勇于担当、善于作为，攻坚克难，淬炼思想、历练政治、提升专业，想干事、能干事、干成事，才能肩负起时代重任。

三

即将开启的第十四个五年规划和二〇三五年远景目标，对党员干部提出了怎样的政治、思想、能力要求？党员干部要摒弃哪些旧的思想观念，又要在哪些方面作出改变？如何干事才能顺应党和国家的中心任务，作出让党和人民满意的成绩？如何从容、积极适应全面从严治党的高要求，坚定政治立场？

针对9000多万名党员面临的种种困惑，特别是“不干不行，干却厘不清思路、找不到门路、蹚不出事业路、闯不出人生路”的难题，作者在认真学习习近平新时代中国特色社会主义思想基础上，结合党内重要法规文件中的相关论述，总结出在全新环境下，广大党员干部必须增强的12种新担当、新作为、新能力——不但要想干事、真干事、不怕事、敢担事，还要能干事、会干事、善谋事、干对事，做到会共事、干成事、不出事、善补事。这12种担当、作为，又提炼、归纳为“想干篇”“能干篇”“干成篇”。

勇者无畏、智者不惑、行者无疆、为者无敌。12种新担当、新作为、新能力立足大局势、大环境、大挑战、大机遇，从小处着手，从细节分析，“有温度”“通人心”“接地气”“重操作”，重点放在如何破除和根治形式主义、官僚主义及其新变种，崇尚实干、狠抓落实，把党中央的决策部署落实到行动中，转化为扎扎实实的成绩上；放在如何解决心态上不想干、能力上不会干、执行上干不好、结果上干不对、出事不会息事的种种痼疾和痛点，消除思想行为中的痛点、难点、盲点、困惑点，把握关键点、着力点、突破点、制胜点上，放在如何奋发有为、勇于负责、敢于担当、善于作为、实绩突出，争做新时代的马前卒、排头兵、改革促进派和实干家上。在实现“两个一百年”奋斗目标和中华民族伟大复兴的中国梦这盘大棋局中，我们要更有信心地面对新一轮挑战，用新思维、新面貌、新作风创造出亮丽的政绩，献给我们这个伟大的新时代。

想干篇

第一章

想 干 事

◇ 无功就是罪，不想干事是精神腐败

◇ 想干愿干积极干

◇ 新时代新政绩观

◇ 为想干事的人创造机会和平台，让想干事的人能干事干成事

无功就是罪，不想干事是精神腐败

面对复杂形势和艰巨任务，我们要在危机中育先机、于变局中开新局，干部特别是年轻干部要提高政治能力、调查研究能力、科学决策能力、改革攻坚能力、应急处突能力、群众工作能力、抓落实能力，勇于直面问题，想干事、能干事、干成事，不断解决问题、破解难题。

——2020 年 10 月 10 日，习近平在中央党校（国家行政学院）中青年干部培训班开班式上发表重要讲话强调

不能只想当官不想干事，只想揽权不想担责，只想出彩不想出力。

——2015 年 1 月 12 日，习近平在中央党校县委书记研修班学员座谈会上的讲话

清代名臣纪晓岚在《阅微草堂笔记·滦阳消夏录》中收录有一则“公堂木偶”的小品：

北村郑苏仙，一日梦至冥府，见阎罗王方录囚。……有一官公服昂然入，自称所至但饮一杯水，今无愧鬼神。王哂曰：设官以治民，下至驿丞闸官，皆有利弊之当理，但不要钱即为好官，植木偶于堂，并水不饮，不更胜公乎？官又辩曰：某虽无功亦无罪。王曰：公一身处处求自全，某狱某狱避嫌疑而不言，非负民乎？某事某事畏繁重而不举，非负国乎？三载考绩之谓何，无功即有罪矣。官大踧踖，锋棱顿减。

故事讲道：

某人去世后到阎王处报到，并自信满满地介绍：“我生前是一名清官，走到哪里都不贪，只饮百姓一杯水。这一生可以说无愧于鬼神。”

阎王讥笑道：“朝廷设官是为了治理国家、兴利除弊、造福百姓，即便如管理驿站、关闸的小官，也要按理法尽到本职所责。如果说不要老百姓的钱就是好官，那在公堂上放个木偶，连水都不用喝，它岂不比你更廉洁？”

此人不服，继续辩解道：“我为官虽无功，但也无过。”阎王怒斥：“你为官一生只想着保全自己，面对许多冤假错案，你因害怕触动有权势之人而不敢接手审理，你对得起老百姓吗？对得起国家吗？国家每三年一次政绩考核为了什么？岂不知，为官者，无功就是罪？”此人听罢心中大惊，惭愧不安，来时的锋棱立马消减。

自古以来，老百姓对贪官深恶痛绝；但那些在其位不谋其政的“公堂木偶”也常常遭到唾弃。为官从政，不管是治理一方，还是管理一个部门，乃至一个普通岗位，都应该认真做事、踏实做人，这既是对老百姓负责，对国家负责，也是对自己的职业生涯负责。

随着全面从严治党的日益深入，党中央一系列重大决策、部署和措施受到全国上下的一致拥护，但也出现了某些消极情绪、观望态度，在工作中出现了为官不为、懒政怠政、在岗不在状态、怕出事、多干不如少干、少干不如不干等不和谐气氛和声调。针对这一苗头，《人民论坛》做了一次较大范围的官员心态调查，其中一项内容是“官员干事顾虑什么、郁闷什么、怕什么”。

如今官员最怕“工作上出事儿”，最郁闷“工资收入较低”，最大的顾虑是“触动利益，易得罪人”。

《人民论坛》记者走访发现，新一轮从严治党，与强力反腐赢得上下交口称赞，官场风气为之一新。但隐性福利少了、权力空间小了、监督问责严了，也让相当一部分官员不适应，心态有些不稳定。这种摇摆，按照程度由轻到重，表现为“郁闷”、“顾虑”和“害怕”，从中可大略一窥如今官员的心态。

64.4%的受访者认为当下官员最怕“工作上出事儿”；当下官员更加“爱惜羽毛”，但“求稳怕乱”心态束缚干事手脚。数据显示，除“工作上出事儿”以 64.4%的得票率位居榜首外，官员最怕的事，依次还包括“被媒体、网络关注”（51.4%）、“腐败问题露馅”（42.6%）、“被其他官员牵连”（32.2%）和“被钓鱼腐败”（21.2%）。

无论是“工作上出事儿”，还是“被媒体、网络关注”、“腐败问题露馅”、“被其他官员牵连”和“被钓鱼腐败”，都有着众所周知的缘由，是当下官员心态的真实白描。值得关注的是，我们发现：部分基层官员的“不出事逻辑”有了升级版。在过去，“不出事逻辑”主要形容政府在社会管理领域的“捂盖子”，如今，这种逻辑开始放大到经济发展等领域。官员对与职务相关的经济行为非常注意，这种谨慎无可厚非。然而，一些官员过于惧怕“工作上出事儿”和“被媒体、网络关注”，求稳怕冒，对有利于经济发展但需要创新精神、需要闯劲的事情往往能拖就拖，能不办就不办，主要精力放在了“安全”上。这反而影响了改革创新的胆略与勇气，一些重点领域和关键环节的改革推进缓慢了下来，甚至有些领域出现了维持现状的苗头。

（摘编自《人民论坛》2014 年 7 月下期）

2014 年 6 月 25 日《人民日报》也对这种思想苗头作了批评总结：一些人觉得要求严了，“当官没劲了”，在岗找不到感觉，干事提不起精神；一些人抱着“只要不出事，宁愿不做事”的心态，不收礼不吃请了，但该做的事也不做了；有的以差旅费报销太严为由，该出的差不出了，该下的乡不下了；甚至有的离开宴请吃喝，就不知道该怎么工作了。

党的十八大以来，党中央对广大党员干部，特别是年轻干部提出了更高更严更细化的标准。这些高标准严要求对于平常思想懈怠的党员干部来说，确实比较严格，但对于那些政治站位高、作风正派、遵纪守法、清正廉洁，对党和国家的未来充满使命感、责任感的新时代党员干部来说，工作环境、氛围变得更好了，施展空间和干事平台更大了，做起事情来更如鱼得水了。

什么是新时代的党员干部呢？

2019 年 3 月 1 日，习近平总书记在中央党校（国家行政学院）中青年干部培训班开班式上的讲话中对中青年干部提出了要求和期望：保持对党的忠诚心、对人民的感恩心、对事业的进取心、对法纪的敬畏心，做到信念坚、政治强、本领高、作风硬。2020 年 10 月 10 日，针对 2020 年以来的全球巨变和中国面临的新形势、新挑战、新机遇，习近平总书记在中央党校（国家行政学院）中青年干部培训班开班式上，谈到了百年未有之大变局背景下，对新时代年轻干部的要求：要在危机中育先机、于变局中开新局，干部特别是年轻干部要提高政治能力、调查研究能力、科学决策能力、改革攻坚能力、应急处突能力、群众工作能力、抓落实能力，勇于直面问题，想干事、能干事、干成事，不断解决问题、破解难题。

从干部制度建设来看，一方面，《关于进一步激励广大干部新时代新担当新作为的意见》《关于解决形式主义突出问题为基层减负的通知》等党内法规、文件的颁行，给广大干部上了一道“紧箍咒”，提出了中国特色社会主义新时代大背景下广大干部应具备的思想和行动指南，特别是给那些政治觉悟低、思想懈怠、心态消极、畏难畏艰、缩手缩脚、不敢干事的干部敲响了警钟；另一方面，又为摩拳擦掌、跃跃欲试大显身手，想干事、能干事、干成事的党员干部保驾护航、撑腰鼓劲。根据一系列党内法规和文件精神，各级党组织不但要满怀热情关心关爱干部；在用人导向上向这些干部倾斜，在全国范围内发现、宣传、重用一批敢于担当、奋发有为的先进典型；在考核机制上进一步科学化、合理化、人性化；而且进一步健全容错纠错机制，以习近平总书记的“三个区别开来”鼓励干部勇于探索，敢做改革的急先锋、马前卒。

中央组织部负责人在接受相关采访时，对建立健全容错纠错机制专门提出要求。这是中央首次从制度层面作出规定，可见党中央对干部问题的重视程度。用习近平总书记的话来总结，就是要让广大干部“想干愿干积极干，又要能干会干善于干”，让广大干部“增加兴奋点、消除困惑点，增强工作责任感和使命感，增强适应新形势新任务的信心和能力”。

想干愿干积极干

干部干部，干是当头的，既要想干愿干积极干，又要能干会干善于干，其中积极性又是首要的。党组织对待干部，既要严格管理，又要热情关心。要保护作风正派、锐意进取的干部，真正把那些想干事、能干事、敢担当、善作为的优秀干部选拔到各级领导班子中来。

——2016 年 3 月 7 日，习近平在参加十二届全国人大四次会议黑龙江代表团审议时的讲话

当前“为官不为”主要有 3 种情况：一是能力不足而“不能为”，二是动力不足而“不想为”，三是担当不足而“不敢为”。……一些干部“为官不为”已成了一个突出问题，各级党委就要不等不拖、辩证施策，争取尽快扭转。

——2016 年 1 月 18 日，习近平在省部级主要领导干部学习贯彻党的十八届五中全会精神专题研讨班上的讲话

我曾应邀为江苏某市全体党员干部作专题报告，负责接待的同志聊起他们市在主题教育活动中，针对某些党员干部懒散怠惰、不思进取、得过且过的思想作风，市委书记反复给大家讲的一个小故事：为什么猎犬抓不住受伤的兔子。

猎人击中一只兔子，受伤的兔子拼命逃跑，猎犬随后追了上去。追

着追着，兔子不见了。猎犬只能悻悻而归。猎人非常生气，骂道："你这个没用的东西，连只受伤的兔子都赶不上。"猎犬委屈地说："我已经尽力了啊。"

兔子拼尽最后一口力气逃回洞中，其他兔子吃惊地问："你的腿断了，都没被猎犬抓住，真是奇迹啊！"兔子惊魂未定地说："猎犬只是为了一顿饭尽力而为；而我是为了一条命全力以赴！"

发生在另两个城市的真实案例可以看作上述寓言的最佳注脚：

进入 11 月，已到供暖季，山西某市 40 万居民没有如期享受到供暖服务，挨冻三天，直到市长一天 7 个电话打给该市热力公司经理，老百姓的房子才暖和起来。热力公司经理的道歉却不痛不痒："在没能如期供暖这件事上，没有任何客观原因，主要是我们的不到位，包括工作不到位、调试不到位等。我要向受冻的群众道歉，我们愿意接受媒体和群众的监督和批评。"

（摘编自中国青年网 2016 年 11 月 7 日）

第十九届中央第三轮巡视第一巡视组组长，原广东省委常委、省纪委书记黄先耀在《人民日报》刊文，讲起一则案例：

前不久，广东省纪委暗访发现，某派出所在扫毒时，误将一名无关群众资料录入了吸毒人员信息库。派出所接到该群众反映后，不但未及时更正错误，反而一直以"删除记录要走程序"为由，历经四年不予办理，导致这名群众工作难找、有房难租。由此可见，为官不为虽然有别于"权力寻租式"的贪污腐败，但也不容忽视，这种"权力浪费式"的消极腐败，是对党和人民的极大不负责。

（摘编自《人民日报》2017 年 3 月 24 日）

市委书记通过讲故事劝诫党员干部用心良苦；市长反复盯着，方才解决问题；纪委书记撰文呼吁莫要“权力浪费式”消极腐败。很多时候，并非不能，而是不想为、不愿为、懒作为。黄先耀将不作为官员总结为五种：

一是不思进取当“庸官”。面对经济发展新常态，有的党员干部不是与时俱进、积极进取，而是做一天和尚撞一天钟，混日子，熬年头，仍寄希望于论资排辈、组织照顾；有的认为“出头的椽子先烂”，把中庸之道视为金科玉律，不求过得硬，只求过得去。

二是推诿扯皮当“躲官”。有的党员干部缺乏大局意识和全局观念，地区利益、部门利益至上，想问题、作决策、办事情都是“各家自扫门前雪，不管他人瓦上霜”；有的怕担责任、怕冒风险、怕踩红线、怕犯规则，遇事“躲”字当头，“退”字当先，搞所谓的“只要不出事，宁愿不做事”。

三是作风漂浮当“看官”。有的党员干部只唯上、不顾下，调查研究喜欢“坐在车上转、隔着玻璃看”，脱离群众，高高在上；有的说起来头头是道，做起来缩手缩脚，习惯以会议贯彻会议，以文件落实文件，甚至光说不练，只看不做。

四是办事拖沓当“懒官”。有的党员干部过去“不给好处不办事、给了好处乱办事”，现在是好处不要，事也不办，玩起了“门好进、脸好看、话好听、事难办”，在岗不在状态，在位不谋其事；有的上班时间玩游戏、看电影，甚至关起门来打牌赌博，开着公车打球享乐，染上一身“慵懒病”“逍遥病”。

五是装聋作哑当“木官”。有的党员干部因为“福利”后门被封、利益链条被切，干事无“油水”可捞，便消极不作为，该尽的责不尽，该管的事也不管；有的宁肯得罪群众，也不愿得罪违法乱纪分子，对眼皮底下的不法行为视而不见，任由其滋生蔓延；有的则是欺上瞒下，开会喊调子、检查过场子、执法做样子，查到了就拿出一堆会议记录、检查报告、执法通知来搪塞。

（摘编自《人民日报》2017 年 3 月 24 日）

当前，少数党员干部奉“不出事、不干事”为圭臬，认为不贪不占就是“好官、清官”。为什么这种心态会在某些地方、某些部门、某些领域、某段时间肆意泛滥，甚至成为“常态”呢？习近平总书记一语中的，就是这些人的精神缺乏一种“钙”——理想信念。没有这种精神之“钙”，就会得“软骨病”，挺不住、站不直、走不稳，就会在行为上表现出骄奢、怠惰、懒散、消极、冷漠、计较、圆滑、娇气、推诿、扯皮。

实际上，不想干事也是腐败。随着全面从严治党的深入，“打虎”“拍蝇”“猎狐”日趋严厉，政治生态逐步清明，贪污腐化被大幅遏制，那些在其位不谋其政、出工不出力、干事没政绩的“公堂木偶”式干部，将成为整顿的重点。和贪污腐败一样，不想干事首先是精神腐败，随之是自身肌体的腐败，进而严重损害党的形象和人民的利益。这种腐败至少包含三个层面的恶果。

第一，腐蚀自己的人生。一些党员干部总把奥斯特洛夫斯基的名言挂在嘴边，却从没让这句话照进灵魂。“人最宝贵的是生命，生命属于人只有一次。一个人的生命应当这样度过：当他回忆往事的时候，他不致因虚度年华而悔恨，也不致因碌碌无为而羞愧。”在庸碌无为中荒度一生，首先愧对的是自己。

在无为中消耗生命，在平庸中走向终点，是对自己人生的最大腐蚀。不虚度年华，创造生命的流光溢彩，就要有积极的做事心态，这不仅是对自己负责，也是为群众尽职，更是为党担负起该担负的使命。

第二，侵蚀党组织的健康肌体。全息理论表明，宇宙是一个各部分之间全息关联的统一整体，部分是整体的缩影。“管中窥豹”“一叶落而知秋至”就是这个意思。有些党员干部在工作中表现出懈怠、懒散、冷漠的态度，让党的形象在人民群众心中大打折扣。作为党员干部，如果不主动去抵制这种作风、纠正这种态度，其他人便会受到影响，不作为、懒作为、慢作为等问题就会扩散。干部不想干事绝非私德，而是关系到人心向背的党风问题。

2014 年 5 月 30 日在国务院常务会议上，李克强总理如此痛批干部不作为的问题：一些政府官员抱着“只要不出事，宁愿不做事”，甚至“不求过得硬，只求过得去”的态度，敷衍了事。说得难听点，这不就是尸位素餐吗？在2015年3月15日的“两会”中，他重申：既要惩治乱作为，也要反对不作为，庸政懒政是不允许的。

在2019年3月5日的《政府工作报告》中，李克强总理指出，要在坚决反对和整治一切形式主义、官僚主义的同时，全面落实行政执法责任制和问责制，对一切违法违规的行为都要坚决查处，对一切执法不公正不文明的现象都要坚决整治，对所有行政不作为的人员都要坚决追责。

第三，蛀蚀新时代中国特色社会主义事业。每个人偷一点懒、耍一点滑，看似无关紧要，但如果这种个别态度扩散成一种风气，甚至演变为组织氛围，足以使万里长堤溃于蚁穴。正如华为集团创始人、总裁任正非所言：“一支再精良的部队，也会在怠慢的体系中分崩离析。”中国梦不是靠一张张嘴吹出来的，也不是靠一沓沓文件堆起来的，更不是靠数不清的文山会海“痕迹主义”做出来的，而是需要全国9000多万名党员带领14亿人民一步一个脚印脚踏实地、聚沙成塔干出来的。

我们无论身居何种岗位，都是在为党为人民尽职履责。若在工作中带有慵懒作风，加总起来，会耽误群众的事情，损害群众的利益，贻误发展的大好时机，甚至引发社会矛盾。内蒙古自治区第十三届人民代表大会法制委员会副主任委员毕力夫在担任赤峰市委书记时，秉持“想干事、会干事、干成事”的理念给赤峰带来了巨大的变化，也创造了前所未有的机遇。人民网曾作专题报道：

近年来，内蒙古赤峰市在推进城市建设、“十个全覆盖”工程、扶贫攻坚等方面都取得了不俗的成绩。

一年多来，赤峰市的发展进入了快车道。在城市基础设施建设方面，目前正在推进28个项目，包括河道治理、中环高架、城市轻轨、垃圾焚烧等，投入近140亿元。而“十个全覆盖”工程，2016年完成了8278个村，投入达266多亿元。巨大的投入，在激发民间投资活力的同时，也助力赤峰完成了多项惠民利民的重点项目建设。

而解决赤峰市资金难题的，是政府全力在推进 PPP（Public Private Partnership，政府与社会资本合作）模式。记者所到之处，人们都对 PPP 津津乐道。正是在毕力夫的强力推动下，赤峰市才能这样快地接受了这一新鲜的模式。

（摘编自人民网 2016 年 8 月 26 日）

毕力夫信奉“观念一变天地宽”。他经常教导下属：一要学习。见多才能识广，要不断地学习新东西，多出去走走，学习别人的先进经验。二要敢于担当。创新是要付出代价的。这就要求既要有责任感，又要有知识储备。胆大心细才能有所作为。三要认认真真实践，不能停留在嘴上。

毕力夫说：“干部调动起来了，从过去不会干到会干，从被动干到主动干，从过去是为了工作干到现在是带着感情干，变化是非常大的。”赤峰市的每一名党员干部身上好像都有一股说不出的精气神儿。大家都有一种紧迫感，每个人手里都有好多工作要推进。

对此，毕力夫解释说，这是他工作的常态。干部是完成工作的基础。抓干部队伍建设，是市委书记最重要的工作。抓干部，就是要让干部长本事。有了本事，就一定有魄力；有了感情，就一定能干出老百姓喜爱的事情。我们就要培养这样的干部。

原第十二届全国人大财政经济委员会副主任委员石宗源曾谈道：要果断进行调整，绝不能让我们的事业耽误在贪官、庸官、懒官手中。不想干事这种精神腐败危害极大，党和人民绝对不允许“庸”“懒”之风在党内蔓延。党员干部无论身居何位，都必须尽职尽责，必须想干事、勤干事、认真把事情做好。一言以蔽之，干部都是干出来的！干部唯有干事，才配得上“干部”二字。

新时代新政绩观

各级各部门党委（党组）必须树立正确政绩观，坚持从巩固党的执政地位的大局看问题，把抓好党建作为最大的政绩。

——2014 年 10 月 8 日，习近平在党的群众路线教育实践活动总结大会上的讲话

功成不必在我并不是消极、怠政、不作为，而是要牢固树立正确政绩观，既要做让老百姓看得见、摸得着、得实惠的实事，也要做为后人作铺垫、打基础、利长远的好事，既要做显功，也要做潜功，不计较个人功名，追求人民群众的好口碑、历史沉淀之后真正的评价。

——2018 年 3 月 8 日，习近平在参加十三届全国人大一次会议山东代表团审议时的讲话

学习《习近平谈治国理政》三卷本，不难发现，习近平总书记一直关注的重点：一是党建，二是民生。

前者关系着我们这个世界第一大党，在即将实现第一个一百年奋斗目标之时，如何带领全国各族人民向下一个一百年目标奋进；关系着 9000 多万名党员以一种什么样的姿态、什么样的精神面貌，继续成为 14 亿人民的主心骨，带领全国人民踏上新征程。习近平要求全体党员，特别是党员领导干部，把抓好党建作为最大的政绩。

后者关系着人心向背，关系着党的初心和使命。“不忘初心、牢记

使命”，就是要求党员干部重温初心、回归初心，从初心出发，让脚步追随灵魂，切莫在新时代中国特色社会主义伟大建设这场还没有结束的大考中偏离了方向，迷失了自我，丧失了前途。2016 年 7 月 1 日，在庆祝中国共产党成立 95 周年大会上，习近平总书记指出：“1949 年 3 月 23 日上午，党中央从西柏坡动身前往北京时，毛泽东同志说：‘今天是进京赶考的日子。’60 多年的实践证明，我们党在这场历史性考试中取得了优异成绩。同时，这场考试还没有结束，还在继续。今天，我们党团结带领人民所做的一切工作，就是这场考试的继续。”

实际上，党建和民生两者不是互相割裂的，而是紧密联系的。加强党的建设，建设一支政治过硬、本领强大的执政队伍，是建设以人民为中心的新时代中国特色社会主义的根本保障；只有人民满意、安居乐业、国家繁荣富强、社会和谐稳定，人民的获得感、幸福感、安全感不断增强，才会更加拥护我们党，人民群众才能真正成为我们这个百年大党、世界第一大党的牢固基石。

新时代的党员干部，要有新时代的政绩观。什么是新时代的政绩观？怎样才能创造出经得起检验的新时代政绩呢？

第一，深刻、全面地认识抓好党建是最大的政绩。习近平总书记强调，要“坚持从巩固党的执政地位的大局看问题，把抓好党建作为最大的政绩”①，“全党同志要强化党的意识，牢记自己的第一身份是共产党员，第一职责是为党工作，做到忠诚于组织，任何时候都与党同心同德”②。

党员干部，特别是领导干部抓党建，要两手抓，抓铁留痕。一方面，要抓自己，带头履职尽责、担当作为，一级带着一级干，一级做给一级看，以担当带动担当，以作为促进作为。另一方面，要抓组织建设，大力教育引导党员干部担当作为、干事创业，鲜明树立重实干、重

---

① 习近平：《在党的群众路线教育实践活动总结大会上的讲话》，《人民日报》2014 年 10 月 9 日。

② 《强化反腐败体制机制创新和制度保障 深入推进党风廉政建设和反腐败斗争》，《人民日报》2014 年 1 月 15 日。

实绩的用人导向，充分发挥党员干部考核评价的激励鞭策作用，切实为敢于担当的党员干部撑腰鼓劲，着力增强党员干部适应新时代发展要求的本领能力，满怀热情关心关爱党员干部，凝聚创新创业的强大合力。

第二，准确领会、深刻把握、全面贯彻以人民为中心的发展思想。习近平总书记强调："对领导干部来说，为一方经济社会发展，为一方百姓造福，应该有政绩，也必须追求政绩。"① 他还以古代先贤的故事激励大家："古往今来，许多有作为的'官'都以关心百姓疾苦为己任。从范仲淹的'先天下之忧而忧，后天下之乐而乐'，到郑板桥的'些小吾曹州县吏，一枝一叶总关情'；从杜甫的'安得广厦千万间，大庇天下寒士俱欢颜'，到于谦的'但愿苍生俱温饱，不辞辛苦出深林'，都充分说明心无百姓莫为'官'。"②

追求政绩本无可厚非，新时代的党员干部也必须追求政绩。

古罗马皇帝哈德良手下有一位将军，长年跟随皇帝征战。一天，这位将军来到哈德良面前说他想要更高的职位。皇帝问他理由何在，他说："我作战经验丰富，最少参加过 10 次重大战役。"哈德良指着周围的战驴说："亲爱的将军，你看这些驴子，它们至少参加过 20 次战役。"

哈德良的话是什么意思呢？将军没有立下战功，所付出的一切都只能算是苦劳——如同驴子所做的一样。光有苦劳，没有功绩，就无法获得奖励。可见，在哈德良眼里，从战绩方面考量的话，这位请求升职的将军是不合格的。做事必须靠结果说话。带兵打仗要拿出战绩，为官从政要拿出政绩。没有政绩，苦劳基本上没有意义。

当前，少数党员干部缺乏追求政绩的正确心态，带着一颗功利心，有回报就努力点、多干点，没有好处或好处少就不干事少干事、敷衍塞责干事；抱有"我不追求升官，工作马马虎虎，过得去就可以了"的

---

① 习近平：《之江新语》，浙江人民出版社 2007 年版，第 34 页。
② 习近平：《之江新语》，浙江人民出版社 2007 年版，第 26 页。

得过且过心态。

在中央八项规定出台，中央和各级纪检监察部门反腐败、正风肃纪的力度加强后，个别党员干部在工作中表现得更加消极了。有的发出“为官不易”的感叹，觉得“干得多，挣得少”“越来越没意思了”，有的甚至觉得现在官员处于“水深火热”之中，可谓“官不聊生”。

积极干事、想作出政绩的党员干部，绝不会视党中央关于转变作风的各种要求为“紧箍”，而是将各种党规党纪当作提醒自己守住底线、坚守原则的人生护栏，严格遵守，不破坏规矩、不逾越底线、不踩踏红线。“为官不易”“官不聊生”的感叹，是缺乏公仆意识和责任心的表现，是不想干事的直接反映。

习近平在《之江新语》中写道：“共产党人的政绩，就是做得人心、暖人心、稳人心的事，就是解决群众最关心、最迫切需要解决的问题，就是全面建设小康社会，促进人的全面发展。”为人民服务必须追求政绩，不能经得起检验、没有党和人民认可的政绩就等于交白卷。

党员干部如何树立追求政绩的正确意识？

首先，党员干部要有正确的职业观。“官”也是一种职业，为官要有为官的样子。为官之本在于“造福于民”。这决定了为官者必须以人民为中心，为人民创造政绩。政绩是证明自己工作合格的唯一指标，无论职位高低，无论升迁与否，都要有干出政绩的热情和激情，努力向党和人民证明自己在岗位上是合格的。

其次，党员干部要树立正确的政绩观。中国已进入后 GDP 时代，也就是不再单纯以 GDP 增长论英雄的时代。曾经那些以环境为代价、“带血的 GDP”，必然转向有质量的 GDP、幸福 GDP、人文 GDP、绿色 GDP。从《中共中央关于制定国民经济和社会发展第十四个五年规划和二〇三五年远景目标的建议》中，我们可以清晰地看到未来 5 年乃至 15 年新发展理念的引领作用和富有前瞻性、全局性、基础性、针对性的重大举措。

在后 GDP 时代，以下三种追求政绩的方式是要不得的：第一种，以 GDP 数据为中心，只顾一时经济增长而不顾长远、全局；第二种，爱搞“新官上任三把火”，到一个新的地方，屁股还没坐热就“施展拳脚”，盲目搞大工程，“翻烧饼”“兜底翻”；第三种，把追名逐利当成追求政绩，借招商引资的名义暗中搞权钱交易。从这三种心态出发去干事，即使做出表面光亮的“面子工程”，也很难做对事、做成事，做出经得起人民和历史检验的好事。

要树立正确的政绩观，在正确的方向和道路上干出政绩，必须从造福于民这个根本出发，坚持习近平总书记提出的“得人心、暖人心、稳人心”这一标准，紧紧围绕党中央的战略部署开展工作，在积极有为中做到有的放矢、长远规划、从全局出发。

最后，党员干部要警惕三种有关政绩的错误认识。

第一，“只要出政绩，用什么手段、方式不重要”。当前，个别党员干部“唯政绩论”，为了政绩，不顾做事的方式、方法，有的甚至为了表面的、一时的政绩而不顾民生利益。党员干部须牢记：结果固然重要，但过程也要讲究方式、方法。用不符合党性原则不科学的方式、方法，即便有政绩，也是带有杂质的政绩，问题终究会暴露，相关人员也会被问责追责。

第二，“政绩可以弥补过错，犯错后可以适当被原谅”。个别党员干成了事，干事的过程也无可挑剔，然而，在干出点政绩之后便飘飘然，把党纪国法抛在一边。违纪违法后，想拿曾经的政绩来当挡箭牌。这已经被证明是行不通的。党的十八大以来，多名在任时被当作“能吏”的中高级干部被“揪出来”，这就是明证。党员干部无论何时何地都必须把纪律挺在前面，把党纪国法当成“安全边界”。

第三，“只要任期内出政绩就行，走后留下的烂摊子与我无关”。个别干部为了在任期内出政绩，不顾当地实际和长远发展，大搞各种工程、项目，热闹一番，“拍屁股走人”，最后留下一个烂摊子。“终身责任制”“离任审计”将成为终结这一错误政绩观的牢固防线。

习近平总书记在《求是》杂志2019年第3期发表的《推动我国生态文明建设迈上新台阶》一文中，给某些抱有错误政绩观的党员干部再次敲响了警钟：“吃祖宗饭砸子孙碗的事，绝对不能再干，绝对不允许再干。”“只有真追责、敢追责、严追责，做到终身追责，制度才不会成为‘稻草人’‘纸老虎’‘橡皮筋’。有些地方生态环境问题多发频发，被约谈、被曝光，当地党政负责人不但没受处罚，反倒升迁了、重用了，真是咄咄怪事！这种事情决不允许再发生！”党员干部应牢记：只有从国家利益、人民利益出发，做到既要出政绩，又要保证政绩不掺杂质、不留遗憾、没有尾巴，才算真正的有政绩、有功劳。

为想干事的人创造机会和平台，让想干事的人能干事干成事

在新起点上，经济特区广大干部群众要坚定不移贯彻落实党中央决策部署，永葆“闯”的精神、“创”的劲头、“干”的作风，努力续写更多“春天的故事”，努力创造让世界刮目相看的新的更大奇迹。

——2020年10月14日，习近平在深圳经济特区建立40周年庆祝大会上的讲话

坚持有为才有位，突出实践实干实效，让那些想干事、能干事、干成事的干部有机会有舞台。坚持全面历史辩证地看待干部，公平公正对待干部，对个性鲜明、坚持原则、敢抓敢管、不怕得罪人的干部，符合条件的要大胆使用。坚持优者上、庸者下、劣者汰，对巡视等工作中发现的贯彻执行党的路线方针政策和决策部署不坚决不全面不到位等问题，组织部门要及时跟进，对不担当不作为的干部，根据具体情节该免职的免职、该调整的调整、该降职的降职，使能上能下成为常态。

——《关于进一步激励广大干部新时代新担当新作为的意见》

党员干部要有所作为，不具备干事热情是不行的。2000年出版的第7期《中华儿女》杂志曾刊登一篇对时任福建省省长习近平的专访，文中习近平谈到他的从政观：“从政是一种事业的追求。若你既要从

政，又想发财，那就只能去当让人指脊梁骨的赃官、贪官。”在跨入政界之前，习近平首先在思想上弄清楚了两个问题：走什么路？追求什么？他给自己定了三条：一是要立志当“公仆”，做大事。二是在从政的整个过程之中，不要把个人的发展、升迁作为志在必得的东西。三是要有不怕艰难险阻、持之以恒干工作的准备。

由上可以看出，习近平为官从政有着明确的目标和方向：干事业，不求功名利禄，切实为人民服务。

党员干部如何端正并保持想干事的心态呢？我认为，须在三个方面提升。

第一，要树立坚定的理想信念。坚定的理想信念，是一个人、一个组织不断前进、欣欣向荣的不竭动力。根据职业发展理论，在某个职位或领域时间长了，难免会消极、懈怠，甚至陷入职业迷茫状态，而有理想有信念的人，不但能自我调适，跨越职业发展瓶颈，还能预防职业倦怠。

习近平总书记曾指出：“没有理想和信仰，不可能为党、为国家、为人民作出牺牲，共产党员应该为理想而奋不顾身去拼搏、去奋斗、去牺牲。”[①] 党员干部唯有明确初心与使命，树立坚定的理想信念，才能始终保持干事业的热情，即便面对艰苦的环境，也能够舍身忘我。理想信念是一个高点，是点燃和开启内在崇高感的火种，不应该“把个人的发展、升迁作为志在必得的东西”，也不能把谋取私利当成为官从政的目标。

第二，要树立为人民服务的意识，改变脱离群众的不良心态。有的人在入了党、当了官后却忘记了自己的初心，反而产生“官大于民”的想法。本末倒置的观念必然导致行事方向错误，因此，党员干部必须摒弃“官老爷”的封建专制思想意识，牢记自己担任的是一个关乎民生福祉的职位，而不是一个高高在上的地位、座位。2020 年 10 月 10

① 中共中央纪律检查委员会、中共中央文献研究室编：《习近平关于党风廉政建设和反腐败斗争论述摘编》，中国方正出版社、中央文献出版社 2015 年版，第 144 页。

日，习近平总书记在中央党校（国家行政学院）中青年干部培训班开班式上发表重要讲话，要求年轻干部提高七种能力，其中之一就是要提高群众工作能力。

第三，要树立职业化意识。当前，有的党员干部缺乏职业化意识，把为人民服务当成迫不得已的工作，在工作中出现“骄”“娇”“庸”“懒”“散”“拖”“奢”现象。群众反映强烈的和某些政府部门打交道时遇到“门难进，脸难看，事难办”的问题，是党员干部缺乏职业化意识的典型例证。

2018 年 5 月中共中央办公厅印发的《关于进一步激励广大干部新时代新担当新作为的意见》和 2019 年 3 月 3 日施行的《党政领导干部选拔任用工作条例》以其制度化、程序性强，注重人性关怀，可操作性、落实性强的特点，在广大党员干部中引起了巨大反响。两个文件的目的之一，就是充分调动和激发干部队伍的积极性、主动性、创造性，唤醒一批人、警醒一批人、遏制一批人、鼓舞一批人，把党和国家的每一个岗位变成施展抱负的舞台，为那些优秀的干部创造机会、搭建平台、扩大舞台；给那些懒散懈怠、不思进取的干部敲响警钟，通过严格、科学的考核制度使其无所遁形，没有生存的环境；让那些心存顾虑、畏首畏尾的干部解放思想，增强政治意识、担当意识和责任意识，勇于突破、敢于创新，胆子再大一点，步子再大一点，见贤思齐、奋发有为；让那些打着改革的幌子胡作非为、贪污腐化、谋取私利的干部明荣辱、知进退，在党纪国法面前及早收手；让那些想干事、愿干事、积极干事的干部获得“尚方宝剑”，在更科学化的激励机制、考核机制、容错机制、纠错机制、保护机制中大展拳脚。一系列党内法规文件着重在考核机制、用人导向上下足了功夫，力求把习近平新时代中国特色社会主义思想的干部观、政绩观、发展观落到实处。发展之要，在于人才；人才之要，在于识人。每一级领导干部首先要注重人才的发现、培养。

好干部成长起来了，培养出来了，关键还是要用。不用，或者用不好，最终等于没有好干部。习近平总书记指出：“用一贤人则群贤毕至，见贤思齐就蔚然成风。选什么人就是风向标，就有什么样的干部作风，乃至就有什么样的党风。”①

当前，某些地区和部门缺乏正确的用人导向：一些不想干事、不干事的人身居要职，一些想干事、踏实干事的人却没有机会。在这种用人环境下，那些想干事的人就会丧失做事热情，不想干、不作为之风便会风行起来，变成消极懒散的小气候、小生态，不利于工作落实。

选一个干部就是立一个风向标，领导干部要使“想干事”的心态在地方或者部门内蔚然成风，就必须给想干事的人以支持，让每一个想干事的党员干部都有机会做事情。

作为领导干部，如何去贯彻落实党的干部政策，把党的干部制度化建设落到实处，产生最大效益呢？

第一，要建立科学的考核机制，确保用人有规章可循，选拔人才有标准可依。清代思想家魏源说过：“不知人之短，不知人之长，不知人长中之短，不知人短中之长，则不可以用人，不可以教人。”习近平总书记也曾指出，用人必须知人，知人“不能停留在感觉和印象上，必须健全考察机制和办法，多渠道、多层次、多侧面深入了解”②。

考核机制打破论资排辈、依据“关系网”“潜规则”等不科学、不民主的用人之道，给予每个人公平竞争的机会，不仅鼓励那些想干事的干部，还能确保那些干成事的干部得到科学合理的任用，在合适的岗位上发挥所长，从而作出更大的贡献。

如何保证考核机制的科学性呢？关键是要建立责任制。2013 年 6 月 28 日，习近平总书记在全国组织工作会议上曾指示：“一些干部惯于拍脑袋决策、拍胸脯蛮干，然后拍屁股走人，留下一屁股烂账，最后官照当照升，不负任何责任。这是不行的。我说过了，对这种问题要实行责任制，而且要终身追究。”责任制就是明确每个人的职责：一件事该由谁来做，怎么落实，何时开展和完成，达到什么结果，结果由谁负

① 《建设一支宏大高素质干部队伍 确保党始终成为坚强领导核心》，《人民日报》2013 年 6 月 30 日。

② 《习近平谈治国理政》，外文出版社 2014 年版，第 418 页。

责。责任制科学，对干部的考核才能准、实、规范。

第二，领导干部要敢于放权，鼓励创新精神。领导干部如果事无巨细，事必躬亲，不仅会让自己疲于奔命，而且会束缚下属的能力，最重要的是，这种不注意做事层次、不懂放权管理的做法，还会导致效率低下，而且容易造成专权独断的错误。领导干部一定要懂得放权、适当放权，特别要赋予那些想干事的干部一定权能，支持那些敢于创新、勇于突破、锐意改革、不断进取的人。

当然，放权也要讲科学，不能乱放，应遵循以下三点原则：一是要明确放权的度，切忌滥权，导致权力失控。“权力导致腐败，绝对权力导致绝对腐败”，有限的权力、有监督的权力才能用到实处、用出实效而不逾矩。二是要明确授权对象，安排适当的人去做适当的事。领导干部一定不能因为欣赏某个人就随便安排他到某个职位上或者交予其某个任务，而要根据他的能力去安排。领导干部不能将“给机会”变成“乱授权”，而要挑选合适的机会给合适的人，让合适的人在合适的位置上发挥所长。三是放权后还要做好监督，不能当“甩手掌柜”。唯有做好监督，明确责任，使得到授权的下级严格按照相关原则和程序开展工作，才能最大限度地保证其激情和能力转化为政绩，确保放权高效。

学会放权，“有所不为”也是一种管理境界，同时是一种领导境界。敢于放权表明领导者的自信以及对下属的信任。领导干部敢于放权，才能让下级更有做事的激情和施展的余地，更大胆地干事，继而干成事。

第三，领导干部要给下级学习、实践的空间以及失误错误修正的机会。有的干部并不缺乏干事激情，但是能力不足。如果不帮助这类干部解决能力问题，他们的干事热情就会逐渐减退。领导干部要给予他们更多的学习、实践机会，提高能力。此外，人难免会出现失误，甚至犯错，对那些积极干事的干部，领导要多怀宽容之心，不能一看到他们出现工作失误就求全责备，这样会挫伤他们的干事热情和敢于担当的勇气。正如《关于进一步激励广大干部新时代新担当新作为的意见》中强调的，要“切实为敢于担当的干部撑腰鼓劲。建立健全容错纠错机制，宽容干部在改革创新中的失误错误，把干部在推进改革中因缺乏经验、先行先试出现的失误错误，同明知故犯的违纪违法行为区分开来；把尚无明确限制的探索性试验中的失误错误，同明令禁止后依然我行我素的违纪违法行为区分开来；把为推动发展的无意过失，同为谋取私利的违纪违法行为区分开来”。当然，对该容的大胆容错，不该容的坚决不容，引导干部争当改革的促进派、实干家，专心致志为党和人民干事创业、建功立业。

总之，领导干部要着重培养、选拔那些有激情想干事的人，知人善任，能够容错纠错，使人尽其才，为未来提供充足的干部储备和人才保障。唯有如此，才能凝聚形成创新创业强大合力，旗帜鲜明地讲政治，撸起袖子加油干，奋力谱写社会主义现代化新征程的壮丽篇章。

第二章

真干事

◇ 不要让群众办事求爷爷告奶奶

◇ 既要警醒惩戒慢作为，更要警醒惩戒乱作为

◇ 狠抓落实、善抓落实，督促干部干实事、出实效

◇ 真干，就会有“累并快乐着”的境界

不要让群众办事求爷爷告奶奶

要坚持从群众中来、到群众中去，真正成为群众的贴心人。要心中有群众，时刻把群众安危冷暖放在心上，认真落实党中央各项惠民政策，把小事当作大事来办，切实解决群众“急难愁盼”的问题。

——2020 年 10 月 10 日，习近平在中央党校（国家行政学院）中青年干部培训班开班式上发表重要讲话强调

要坚持以人民为中心的发展思想，弘扬中华民族尊老爱幼的传统美德，立足当前、着眼长远，根据人口分布和结构变化，巩固家庭养老育幼基础地位，强化政府保基本兜底线职能，健全老有所养幼有所育的政策体系，扩大多元主体多种方式的服务供给，促进服务能力提升和城乡区域均衡发展不断取得新进展。

——2020 年 11 月 12 日，中央全面深化改革委员会第十六次会议强调

2007 年 4 月 3 日，刚到上海担任领导工作没几天的习近平来到杨浦区殷行街道视察。那时，殷行街道户籍人口近 20 万人，中低收入的工薪阶层占相当大的比例。在社区卫生服务中心，习近平问来看病的居民“药费贵不贵”“看病方不方便”。在社区事务受理服务中心，他叮嘱工作人员，“不要让群众办事求爷爷告奶奶”。在社区文化活动中心，习近平笑问一位白头发的老伯：“您是天天来，还是就今天来?”老伯

告诉他，自己退休了，就住在附近，天天来，老了也要读书看报。

视察中，他告诫干部，解决民生问题是为政的根本，改善民生状况是最大的政绩。在座谈会上，他提出了“两个更多”的要求：把更多精力用到关心群众生产生活中，把更多财力投入到解决群众最关心、最直接、最现实的利益问题上。

（摘编自《文汇报》2017年9月29日）

“不要让群众办事求爷爷告奶奶”，至少有两层含义：一是各级党委、政府要摒弃官老爷作风，不能高高在上，给群众设置重重障碍，“话难听、脸难看、门难进、人难找、事难办”；二是党员干部看上去清正廉洁，办事有章可循，但实际上都是花拳绣腿、华而不实，功夫做在表面，没有实际用处，用习近平总书记的话说，都是“盆景”。党的十八大以来，随着党中央正风肃纪“打虎”“拍蝇”的持续大力推进，前一种情况大为扭转，但不少地区、不少部门还存在调门高、嗓门大、行动少、落实不力，慢作为、不作为、假作为的现象。

在2007年4月那次访贫问困两个月之后的6月14日，习近平在黄浦区调研时，再次提出：“要做这种雪中送炭的事情，把有限的钱用在节骨眼上，不要做那些图虚名的面子工程、形象工程、政绩工程，真正的政绩在老百姓的口碑里。”在看到经过改建的公用厨房面貌一新时，习近平对身边的黄浦区有关负责人说：“厨房改建还是比较容易的，我看最难的是解决马桶问题。”① 随行的同志都惊讶于习近平到上海工作才几十天时间，就对群众疾苦了解如此之深之细！

干部要实干，要破除形式主义、官僚主义，把工作做实、做细、做长、做久。“实干”一直是习近平总书记讲话、报告、著作中的高频词。2017年3月7日，习近平总书记参加十二届全国人大五次会议辽宁代表团审议。时任省委书记的李希讲到辽宁有的地方曾存在经济数据上严重弄虚作假的恶劣风气。习近平总书记插话说，“此风不可长，必

① 《“真正的政绩在老百姓的口碑里”》，《文汇报》2017年9月29日。

须坚决刹住”，“要把数字奮清见底，排除水分，挤干水分，虽然你们拿出来的这个数字好像不太好看，但是我觉得实际上很好看，它是一个光明磊落的数字”①。听到辽宁现在还有 50 万贫困人口时，习近平总书记再次强调，脱贫攻坚一定要扎扎实实。

弄虚作假、浮夸虚报，表面光鲜，但会严重影响党中央和上级决策层对当前、未来经济和社会形势的判断，往往导致做出不正确的决策，同时严重败坏党在人民群众中的形象。习近平总书记一再交代各级党员干部要实事求是，把工作落实落细。

2015 年 3 月 8 日，在参加十二届全国人大三次会议广西代表团审议时，习近平了解到去年自治区贫困人口减少了 100 万，便追问：“现在还有多少?”“还有 500 万。”详细了解情况后，他说了这么一句话：“要看真贫、扶真贫、真扶贫，少搞一些盆景，多搞一些惠及广大贫困人口的实事。”

（摘编自新华网 2015 年 3 月 8 日）

2019 年 3 月 7 日，习近平参加十三届全国人大二次会议甘肃代表团审议时再次强调，不要搞“大跃进”“浮夸风”，不要搞急功近利、虚假政绩的东西。这些问题我们历史上都有深刻教训。对这类问题现在就要敲打，防患未然，防微杜渐。

（摘编自“新华视点”2019 年 3 月 7 日）

从“不要让群众办事求爷爷告奶奶”到少搞些“盆景”、多搞些实事，从关注上海弄巷里的马桶困境到要求干部“挤水分”、办实事，干在实处、落到细处一直是习近平最重要的工作告诫。作为新时代的党员干部，如何才能少搞“盆景”、多干实事呢?

第一，何为搞“盆景”? 我所著《实干精神》一书中曾提到，从做

① 《习近平两会新语之“语”字篇》，新华网，2017 年 3 月 14 日。

事效果来划分，党员干部可分为三种。

“插花干部”：喜欢搞“花拳绣腿”，做事只顾表面，不注重根基，他们所“插”的“花”往往只是光鲜亮丽一时，无根无基无生命。

“种菜干部”：这类干部虽然努力做事，但不遵循科学规律，不从长远考虑，往往种一茬收一茬，为官一任，拍屁股走人，哪管他身后事。

“栽树干部”：他们具有“前人栽树，后人乘凉”的奉献精神和“功成不必在我”的胸襟，努力做事，却不执着于名利。这类干部才是真正干事的干部。

“插花干部”就属于爱搞“盆景”的干部。这类干部做事有一个最大的特点：空，外表浮华，毫无实质意义。用四个字来说就是形式主义。

《人民论坛》2013 年 9 月（下）曾发文指出“最令人反感的十种形式主义”：走马观花的下访调研；总结汇报报喜不报忧；抓工作只重表面而不重实效；为迎接上级视察弄虚作假；上有政策，下有对策；铺张浪费的节庆晚会；内容空洞的文山会海；领导讲话“假大空”；华而不实的规章制度；好大喜功的形象工程。

以下两则报道所述就是典型的形式主义。

有的乡镇干部下村，常常和村干部约个时间、定个地点，匆匆忙忙握个手，说个一言半语就往回走，群众嘲讽其像搞地下工作的“接头干部”；有的县里干部下乡就是“到此一游”，老百姓问个政策他含含糊糊，求个指点一问三摇头，群众称之为“摇头干部”；有的市县领导，下乡坐在接待室，任凭汇报人胡夸海吹，不加分析地频频点头、连连称是，群众叫他们“点头干部”。

（摘编自人民网 2014 年 12 月 1 日）

近日，市民发现位于吉林市吉林大街与滨江中路交汇处的路口处增添了30多个形似“油麦菜”的绿色塑料假花盆景花卉，吸引了过往市民的目光。有市民戏称：“弄了这么多盆的塑料假花，看起来还真像油麦菜，可就是吃不到啊，感觉真是有点浪费了！”

（摘编自中国新闻网2015年3月16日）

第一个报道中的“三头干部”把下基层当成“出镜”，不注重实地调查，只会说些“常说的老话、正确的废话、漂亮的空话、严谨的套话、违心的假话”，“镜头感”十足，却脱离群众，这就是“最令人反感的十种形式主义”中的“走马观花的下访调研”。第二个报道所讲述的搞“绿化”则属于“抓工作只重表面而不重实效”。

党员干部在工作中搞形式主义，危害严重：一是降低群众对党员干部的信任，严重损害党和群众、干部和群众的关系；二是催生腐败，对党的事业造成严重的侵蚀。正因为如此，党的十八大以来，形式主义被列为党中央严厉整顿的“四风”之首。2018年9月，中央纪委办公厅印发《关于贯彻落实习近平总书记重要指示精神 集中整治形式主义、官僚主义的工作意见》，全面启动集中整治形式主义、官僚主义工作；2019年3月6日，中共中央办公厅印发《关于解决形式主义突出问题为基层减负的通知》，特别为基层干部松绑减负，激励广大干部担当作为。

第二，如何少搞“盆景”、多干实事？形式主义、官僚主义和实干精神水火不容。少搞“盆景”、多干实事，党员干部必须坚决摒弃形式主义、官僚主义作风，做一名“走在前列，干在实处”的先行者、务实者。

习近平无论担任县委书记还是省委书记，都以上率下、以身作则，倡导实干、力行实干。《人民文摘》2004年第3期刊登了《习近平：我是个能够提醒自己、约束自己的人》一文，文章写道：

习近平接受采访时的一番话：“当县委书记一定要跑遍所有的村；当地市委书记，一定要跑遍所有的乡镇；当省委书记应该跑遍所有的县市区。我来了以后这90个县市区，我现在才跑了69个。”

习近平的“跑”不是走马观花式地“走一走看一看”，而是实实在在地深入基层，了解民情。一次，他陪同一批领导干部去四川视察当地一批浙江省的对口扶持县，有很多干部在中途的时候因为不适应高原气候而都退却了，他却坚持走完全程，而且不时下车，走到群众中间和他们聊天。

人民网2015年1月12日曾刊载《习近平总书记为何重视“芝麻官”》一文，文中讲述，任正定县委书记时，习近平时常穿着褪色的旧军装，背一个军用挎包，住在办公室，吃在大食堂，和大家一起排队打饭，一起在院子里蹲着吃饭聊天，与当地百姓拉家常、问冷暖。

党员干部干实事、干真事、真干事，就要有走在前列的冲劲、干在实处的狠劲。接地气，才能得民心；让自己吃苦，才能让群众享福。不要让群众办事求爷爷告奶奶，不要让群众在“盆景”中离党越来越远。党员干部只有多办实事、多干好事、多解决难事，切实提升人民群众的获得感、幸福感、安全感，才能以真正的作为促进真正的有为。

既要警醒惩戒慢作为，更要警醒惩戒乱作为

引导干部牢固树立正确政绩观，防止不切实际定目标，切实解决表态多调门高、行动少落实差等突出问题，力戒形式主义、官僚主义。强化考核结果分析运用，将其作为干部选拔任用、评先奖优、问责追责的重要依据，使政治坚定、奋发有为的干部得到褒奖和鼓励，使慢作为、不作为、乱作为的干部受到警醒和惩戒。加强考核结果反馈，引导干部发扬成绩、改进不足，更好忠于职守、担当奉献。

——《关于进一步激励广大干部新时代新担当新作为的意见》

陕西某2019年5月刚刚摘帽的深度贫困县，其2019年地方财政收入1.78亿元，竟然斥资7.1亿修建“豪华中学”。该项目需连续12年、每年至少偿还5000余万元贷款。“穷什么不能穷教育，苦什么不能苦学生”固然没错，但天价中学的豪华程度到底是为了教育，还是为了什么？

记者注意到，校园内比较显眼的是一些与教学无关的设施：从气派的仿古牌坊式大门进入校园，4层喷泉水景沿步道拾级而上，16尊石刻鲤鱼分布两侧，一方约8米长、1.5米高的校训大理石碑位于喷泉尽头……据学校工作人员介绍，该水景取“鲤鱼跃龙门”之意，从西安拉来的校训石碑就花费了五六万元。行政办公楼内部设施也颇为扎眼。挂有“副书记”门牌的办公室目测面积超过30平方米，另一间挂有“课管

处主任”标牌的办公室目测面积在30平方米左右……在总面积1.4万平方米的学校餐厅，4层有多个包间，红木铺地、座椅扎花、餐具考究。

（摘编自新华社2020年8月13日）

上述报道提到，早在2013年2月，教育部就发出《关于勤俭节约办教育建设节约型校园的通知》，提出要按照朴素、实用、适用和节约资源的原则建设学校校舍，严格控制校舍建设项目的造价标准，不得搞豪华装修，杜绝“豪华校门”“豪华办公楼（室）”等。而国务院办公厅2018年8月印发的《关于进一步调整优化结构提高教育经费使用效益的意见》明确，坚持厉行勤俭节约办教育，严禁形象工程、政绩工程，严禁超标准建设豪华学校，每一笔教育经费都要用到关键处。要尽力而为、量力而行，不搞“寅吃卯粮”的工程。

中国历史上不乏举债办学的美传，但干事要真干事、干真事，不能借干事之名乱干事。据该中学部分教师反映，学校大幅改善硬件的同时，师资力量等软件并无明显改善和提升。

如果说举债建豪华中学这类行为只是劳民伤财、华而不实，有些任性妄为的“乱作为”则危及老百姓的生命安全了。

2010年甘肃省舟曲发生特大泥石流灾害，刚建完的4座大坝被冲毁；2012年，云南省绿春县刚修好的二级公路试通车不到两个月就坍塌；同年，重建仅10年的西湖标志景点集贤亭在一场雷雨中倒塌；2013年7月，武汉市遭遇暴雨袭击，造成该市城区50余处地段渍水严重，交通几近瘫痪……

（摘编自新华网2014年5月24日）

一般来说，在工程施工之前，会有一套严格的规划设计流程，在规划中，设计者对工程所在地的自然环境有充分的了解，对工程的可行性以及具体操作也都心中有数。之所以出现“豆腐渣”工程，主要跟地方“一把手”有关：有的做事搞“一言堂”，独断专行，胡乱干事；有的为了一己之私，不顾工程的可行性，不切实际地大干快上；有的为了在任期内出政绩，或者擅自缩短工期，或者不顾资金的缺乏，只管快马加鞭施工，致使工程质量缩水。

一言以蔽之，主导“豆腐渣”工程的领导干部是为了个人小算盘、部门和小团体局部利益而胡乱作为。各种“豆腐渣”工程给人民群众带来的巨大危害表明，某些党员干部乱作为的后果比不作为、慢作为、假作为更严重，给国家和人民群众造成的损失更大。

当前，少数党员干部存在乱作为的问题，把干事当成滥用职权的借口。有一篇《惩治“为官乱为” 问责“为官不为”》的文章，将“滥权”的表现总结如下：

违规决策：“三重一大”（重大事项决策、重要干部任免、重大项目安排，大额度资金使用）以及涉及群众切身利益或专业性较强的决策事项，不按照规定程序和议事规则进行科学、民主决策；制定、发布与法律法规、上级政策相违背的文件规定。

错误履职：不正确执行法律法规和上级的决定、决议、命令；错误处理和报告职责范围内的重大问题；违反行业禁令；超越职责权限、违反规定程序或者违反自由裁量权分档量化等规定作出行政决定。

滥用职权：违规设定审批项目、增加审批环节或者前置条件；违规设立收费项目、提高收费标准、扩大收费范围；实施或者强令、授意他人实施违反法律法规、政策的行为；违规干预市场经济活动或者纵容、包庇扰乱市场经济秩序的行为；干扰、阻挠、对抗执纪执法机关、监督管理部门依法履行职责；粗暴执法，选择性执法，执法不公或不按程序执法；违法取证、办案，办关系案、人情案、金钱案；以罚代法、以罚代刑。

（摘编自中国江苏网2015年3月3日）

慢作为伤民，乱作为害民。乱作为不是实干，而是盲干、蛮干、胡乱干，行事不是以党、国家和人民利益为根本出发点，所为之事对群众的危害远远大于慢作为、假作为，是严重的失责、渎职行为。

杜绝乱作为，党员干部必须端正态度，全心全意为人民服务，践行初心、使命。具体而言，应从以下两方面着手。

第一，在干事中摒弃官僚主义。形式主义和官僚主义有一个共同点：脱离实际、脱离群众、官气太重。有的干部飘飘然了，忘记了党和群众的关系。官僚作风严重的干部往往独断专行、权霸一方，凡事大包大揽，以自己的好恶为出发点，干事不顾客观规律。

党员干部若要干实事，必须摒弃形式主义和官僚主义，强化服务意识、宗旨意识，明确自己的第一身份、第一责任，踏实、务实、扎实干事。2018 年 9 月，中央纪委办公厅印发《关于贯彻落实习近平总书记重要指示精神 集中整治形式主义、官僚主义的工作意见》，专门提出了针对尽职履责、服务经济社会发展方面，重点整治不担当、不作为、慢作为、乱作为、假作为等严重影响改革发展高质量的突出问题。例如：不顾实际情况、不经科学论证，违反规定程序乱决策、乱拍板、乱作为；弄虚作假，编造假经验、假典型、假数据，瞒报、谎报情况、隐藏、遮掩问题。

第二，检验结果要以群众满意不满意为标准。工作干得好不好，群众最有发言权。干事之前，先扪心自问：这件事对群众有什么好处？群众会不会满意？若结果让大多数群众不满意，那这件事就不值得干，干了就可能有后遗症。比如，2011 年，大连市民反对福佳大化 PX 项目，最终迫使该项目停产搬迁。这一事件就充分显示了民意的力量，同时说明人民满意不满意是衡量党员干部所干之事是否合理、正确的最高标准。

干部干事，既不能明哲保身不作为，遮天蔽日假作为，也不能一步三看慢作为，更不能忘乎所以乱作为，切忌为了有所为而乱作为。唯有心存敬畏，敢于担当、勇于负责，善作善成，科学地干，以人民为中心地干，才是真干。

狠抓落实、善抓落实，督促干部干实事、出实效

干事业不能做样子，必须脚踏实地，抓工作落实要以上率下、真抓实干。

——2020 年 10 月 10 日，习近平在中央党校（国家行政学院）中青年干部培训班开班式上发表重要讲话强调

政治上、思想上、能力上、担当上、作风上、自律上要强，做到对党忠诚，敢于挑急难险重的担子，敢于到条件艰苦、环境复杂的岗位锻炼，脚踏实地、一步一个脚印干。

——2018 年 7 月 2 日，习近平在同团中央新一届领导班子成员集体谈话时指出

当前，某些党员干部中存在这样那样的形式主义、官僚主义作风，落实不力，贯彻不到位，执行出偏差，主要表现为七种情况：机械式执行、应付式执行、折扣式执行、象征式执行、拖延式执行、粗暴式执行、痕迹式执行。

机械式执行主要表现为不能深入理解上级的政策规定，将上级指示和要求简单化、教条化、僵硬化，遇到问题不懂变通、不会变通，缺乏灵活性。

应付式执行主要表现为阳奉阴违、装模作样、敷衍塞责，干起事来能躲就躲，躲不过就硬着头皮应付差事，缺乏责任心。

折扣式执行最大的顽症是“执行效果层层递减”，从上到下，每经过一个层级，就打一层折扣。一声响雷，传导到基层，变成了蚊子叫。“电闪雷鸣，热在市级；星星点点，落在区级；不声不响，冷在镇级；无影无踪，消失在村级。”

象征式执行主要表现为上有政策，下有对策，上级让植树千亩，下面就种几棵树表示表示、意思意思，做给上级装装样子，表演给上面看，看完了事。

拖延式执行就是典型的慢作为，在工作中把职责抛在一边，互相扯皮、推诿卸责，说得多，做得少，说的比做的好，但该干的事情一点不干，能拖就拖，拖不动就草草应付了事。

粗暴式执行的典型表现是乱作为，胡作非为。办事不遵循规律，不从实际出发，不讲原则，不讲方法，盲干、蛮干，不计后果地干。

痕迹式执行奉行“痕迹主义”，是形式主义、官僚主义的新变种，借先进管理理念之名行形式主义、官僚主义之实，典型表现为工作中以留痕为要，处处留痕，时时留痕，事事留痕，埋头于层层传达，藏身于文山会海，看似勤政忙碌，实则缺乏实际行动和具体措施。比如近几年流行的“填表式”帮扶、“留影式”入户、“摆拍式”扶贫、微信群打卡，等等。

这七种错误的执行表现，根源在于形式主义、官僚主义作风作祟。2019 年全国“两会”期间，中央对痕迹主义开始大力整顿，特别对于基层肆意泛滥的各种留痕管理，坚决整治，决不手软。2019 年 3 月，中共中央办公厅印发《关于解决形式主义突出问题为基层减负的通知》，将 2019 年确定为“基层减负年”，把力戒形式主义、官僚主义作为重要任务，拿出有效管用的整治措施，着力解决困扰基层的形式主义问题。

“新华视点”曾发表一篇报道，批评抗击新冠肺炎疫情中形形色色的形式主义令基层不堪重负。

“表格抗疫”。多地基层干部向记者反映，防疫期间一天要填报十几份表格，这些表格由不同部门下发，内容基本相同，只是格式、体例稍有差异。

在武汉市主城区的一个新冠肺炎防控指挥部，9日凌晨两点，记者看到工作人员还在填写各种表格。工作人员反映，防疫表格的内容越来越多，各层各级数据统计量非常大，非常浪费时间。“我们指挥部办公室一半的人晚上都在填表，8个人从早填到晚，街道的工作人员接到我们电话都哭了。”

有些地方和部门甚至需专门抽调人员做“表哥”“表姐”，多地基层干部反映，各种形式主义消耗了本就紧张的人力、物力，对抗疫工作造成明显干扰。

“迎检大战”。“来了一拨又一拨检查的，就没看到一瓶消毒水、一只口罩发下来。”江苏省泰州市某街道办工作人员反映，这几天他为了应对上级各类检查忙得团团转，有时一天要来好几拨。每来一拨，街道、社区就要安排多人陪同。“这些检查很多都流于形式，解决不了实际问题，简直是‘迎检大战’。”

鼓劲式会议。一位医生在朋友圈吐槽，武汉一家医院急诊科主任在一个开会现场愤然离席，原因是各级领导到医院开了三拨会，每次都长篇大论读最新文件、政策，为医护人员加油鼓劲，花去大约3小时。急诊科主任不得不带走医生：我们是继续抢救病人还是继续和你们开会?

作秀留痕。江苏泰州市一名基层干部说，抗疫工作还在紧急关头，有些干部仍不忘晒工作照留痕。比如，街道成立临时党支部，这本是加强抗疫领导工作的需要，但有的领导热衷的却是组织集中宣誓、拍照，基层不得不紧急安排场地、横幅、屏幕等。

湖北某市一社区动员居民参加防疫志愿服务，活动还没进行，先要组织志愿者拍合影。不少居民质疑：“反复强调不要聚集，不理解为啥要让大家拍合影。”

（摘编自“新华视点”2020年2月12日）

为政之要，贵在落实；落实之要，贵在执行。没有执行力，行动就是零效果；执行力不足、执行不到位，就难以达到目标。党员干部想干实事、出实效，就必须大幅提升贯彻、落实、执行能力。

如何大幅提升干部执行力，强化落实效果，特别是组织执行力，防止执行效果层层递减？大幅提升执行力有八大铁律：一是领导干部，特别是“一把手”要带头执行；二是执行要绝对服从，不讲条件、不找借口，不计个人和小团队得失；三是执行要有“一竿子插到底”的干劲；四是执行要有锐度和紧迫感；五是执行必须敢想敢干，勇于创新；六是执行要看全局，既要瞻前也能顾后；七是要学会平行思考；八是注重团结，提高班子的执行力。

其中，前三条是强化执行力的基础，下文主要介绍这三大铁律。

请看下面一则案例：

2013 年，四川省政府命令全省煤矿停产整顿。在指令下达后，峨边县委、县政府没有有效贯彻落实省政府要求，有关监管职能部门和大堡镇党委、政府也没有重视命令。于是，峨边县大堡煤矿便不顾上级指令，更不顾数百名矿工的安全，在不具备安全生产条件和没有任何部门审批同意的情况下擅自组织违法生产，采用“假密闭”逃避监管。

（摘编自四川在线 2013 年 7 月 4 日）

上述案例中，峨边县委、县政府相关领导干部贯彻上级要求不力，执行不到位，是造成大堡煤矿违规生产的主要原因。

转变作风，“一把手”的带头作用不可小觑。“给我上”和“跟我上”仅一字之差，领导境界和执行效果相差万里。领导干部不带头冲锋在前，下面的党员干部就会懒、慢、散风气滋生。

2019 年 3 月 5 日，李克强总理在《政府工作报告》中提出政府要带头克服“痕迹主义”，并细化到了数字指标：

政府工作存在不足，一些改革发展举措落实不到位，形式主义、官僚主义仍然突出，督查检查考核过多过频、重留痕轻实绩，加重基层负担。少数干部懒政怠政。一些领域腐败问题仍然多发。我们一定要直面问题和挑战，勇于担当，恪尽职守，竭尽全力做好工作，决不辜负人民期待！

…… ……

衡量政绩最终是看结果。各级政府要坚决反对和整治一切形式主义、官僚主义，让干部从文山会海、迎评迎检、材料报表中解脱出来，把精力用在解决实际问题上。压减和规范督查检查考核事项，实施“互联网 + 督查”。减少开会和发文数量，今年国务院及其部门要带头大幅精简会议、坚决把文件压减三分之一以上。

李克强在 2013 年担任总理时，就掷地有声地提出“中央政府要带头做起，一级做给一级看”。“一级做给一级看”的本质是一级带着一级干。《关于进一步激励广大干部新时代新担当新作为的意见》更是对广大党员领导干部提出了要求：“各级领导干部要切实发挥示范表率作用，带头履职尽责，带头担当作为，带头承担责任，一级带着一级干，一级做给一级看，以担当带动担当，以作为促进作为。”

提高执行力的第二个关键是执行者自身要培养绝对服从的精神。美国第 37 任总统尼克松曾说，“唯一雷打不动的原则是：一旦最高领导人作出决定，争辩必须停止，所有人都必须支持他的决定。”巴顿在《我所知道的战争》中写道：“我必须挑选不找任何借口完成任务的人。”尼克松和巴顿的话指向同一个内涵：命令一旦发布，必须全力贯彻，不提问题、不讲条件、不找借口，保证完成任务。

绝对服从、没有任何借口、不折不扣执行，并不是不讲主观能动性，而是强调优秀的执行者，首先要学会跟随、学会服从。

服从是高效执行的基本要求，没有服从就没有真正的执行。没有百分之百的服从，就没有百分之百的执行。党员干部中出现违令不遵的情况，是因为思考问题时从“小我”出发，坚持自己的一套想法。《关于进一步激励广大干部新时代新担当新作为的意见》要求，只有做到信念过硬、政治过硬、责任过硬、能力过硬、作风过硬，才能敢于负责、勇于担当、善于作为，才能实绩突出。

强化执行力的另一重要原则是“一竿子插到底”。“一竿子插到底”需要不达目的不罢休的狠劲儿。如习近平所说：“目标确定了，任务明确了，就要咬定青山不放松，不达目的不罢休。”“狠抓落实、善抓落实，用百折不挠的意志争创一流业绩，不断开创各项工作新局面。”①

当然，要求下属坚决服从，并不意味着是领导干部自己可以任性妄为、胡作乱为，不看现实、不顾政策连续性，搞“翻烧饼”“兜底翻”，折腾下属和群众。

在2013年1月17日的中共广东省委十一届二次全会上，新任广东省委书记胡春华向全会作工作报告，他指出，将继续保持政策的连续性和稳定性，不“翻烧饼”，确保前任汪洋领导的省委班子制定的一系列计划、项目得到贯彻落实。他的原话是这样的：“不要想着新书记来了就有新思路，省委既定的部署、正在开展的工作，要继续做好，不‘翻烧饼’。”

胡春华“不翻烧饼”的做法，实质上就是“不以自我伤大我”，“萧规曹随”，稳中求进的从政智慧和境界，既需要“韧”劲，也需要“忍”劲。“韧”者，坚韧不拔，坚定执行，不走样、不变味；“忍”者，克服内心新官上任大干快上出政绩的冲动和执着，沉下心来，一步一个脚印，走好每一步棋，完成需要数代人努力的“大棋局”。

党的十八大以来，习近平总书记多次强调党员干部做事要遵循“稳中求进”“稳中有为”的原则。他还曾明确指出：中国是一个大国，决不能在根本性问题上出现颠覆性错误，一旦出现就无法挽回、无法弥补。习近平总书记的这番话所强调的也正是做事要有“韧”劲，制定了某项计划、制度，就要坚持落实，切忌朝令夕改。

海尔集团首席执行官张瑞敏也曾讲到执行力落实力的韧劲，他说：“一个企业的领导要有将一件事从头抓到底的韧性。”华为创始人兼总

① 《领导干部要狠抓落实善抓落实》，《人民日报》2011年3月2日。

裁任正非则用另一个词——“僵化”来谈执行、落实中的“韧性”：在引进新管理体系时，要先僵化，后优化，再固化。所谓“僵化”就是要求其员工严格按照引进的制度办事，即便制度中有不合理的地方，他也不做修改，仍要求所有人都要遵守。“僵化”5 年后才允许下属对制度进行优化，但也只限于局部优化，大体上还是保持原来那一套。在优化过后，那一套管理体系就会固定下来，要想做颠覆性的改动可能要等 10 年甚至更久。

两位管理大师表述不同，但理念殊途同归。任正非的“僵化”，其实就是张瑞敏所说的“韧性”，而这种“韧性”的本质就是一个组织执行、贯彻、落实的能力：在企业中，一项制度颁布后如果得不到员工“韧性”“僵化”地执行，就会变成废纸一张；唯有所有员工实实在在、有力地贯彻企业制度，制度的效用才会发挥出来。没有高效执行、贯彻、落实，就没有企业利润，所有员工的努力就会变成竹篮打水。

如何才能培养做事的韧劲，强化领导干部的执行力呢？习近平在《之江新语》中讲述“成功之道在于锲而不舍”的道理时所讲的一段话，值得广大党员干部多学习、多领悟。

树立正确的政绩观，其中很重要的一条，就是对那些实践证明行之有效的做法和决策，要一以贯之，决不能朝令夕改，因领导人的改变而改变，而要在前任的基础上添砖加瓦。这是一种政治品格，是正确政绩观的反映，也是代表最广大人民群众根本利益的需要。

真干，就会有“累并快乐着”的境界

人无精神则不立，国无精神则不强。唯有精神上站得住、站得稳，一个民族才能在历史洪流中屹立不倒、挺立潮头。同困难作斗争，是物质的角力，也是精神的对垒。

——2020 年 9 月 8 日，习近平在全国抗击新冠肺炎疫情表彰大会上的讲话

我们共产党人讲奉献，就要有一颗为党为人民矢志奋斗的心，有了这颗心，就会“痛并快乐着”，再怎么艰苦也是美的、再怎么付出也是甜的，就不会患得患失。

——2014 年 5 月 8 日，习近平在同中央办公厅各单位班子成员和干部职工代表座谈时的讲话

《学习时报》发表过一篇文章《痛并快乐着：乡镇干部群体的幸福感》，其中提到一项调查：

针对身体压力、人际压力、意志消沉和快乐体验这四项，对 132 位乡镇干部进行了问卷调查，从获得的 119 份有效问卷来看，乡镇干部呈现出“痛并快乐着”的矛盾情感。他们的“痛”感主要源于身体及人际压力造成的意志消沉，而“快乐”则源于“个体独自感觉的幸福——这和干部群体处于社会各阶层之首，个体乡镇干部具有比较强的

优越感有关”。

（摘编自《学习时报》2012 年 1 月 16 日）

“痛并快乐着”这种看似矛盾的复杂情感，其实在每个人身上都有体现。“人生而自由，但无往不在枷锁之中。”生命本就是各种矛盾体验的结合体。一个人不可能一直快乐，也不可能一直痛苦。有时候，一个人也可能同时承受相反的两种情感体验。2013 年 3 月 22 日，习近平主席首次访问俄罗斯期间会见了中国驻俄使馆工作人员和中资机构代表，谈到工作时说：“我不是痛并快乐着，是累并快乐着。”

然而，当下，个别党员干部对快乐、幸福有着过度的渴望。在生活、工作中一味追求愉快的感觉，不能忍受一丁点儿的“苦”“累”“痛”。比如，随着中央八项规定等文件的出台，很多人觉得头上好像上了多个“紧箍”，由此发出“为官不易”“官不好当了”之类的感叹。而他们所谓的“不易”“不好过”，不过是上班时不能“清茶报纸二郎腿”了，不能拈轻怕重、悠然自得地干事了，公款吃喝的机会少了……

针对种种“为官不易”荒唐言，习近平总书记指出：“党的干部都是人民公仆，自当在其位谋其政，既廉又勤，既干净又干事。如果组织上管得严一点、群众监督多一点就感到受不了，就要‘为官不易’，那是境界不高、不负责任的表现。”① 早在《摆脱贫困》一书中，他就明确指出，当官就是要吃苦的。

当官要负责任，任务没有完成要找你，有困难要找你，出了事故要找你。甚至老百姓心中有怨气，想骂人也是骂当官的。我认为认认真真地当好共产党的“官”是很辛苦的。我也没有听到哪一个称职的领导人说过当官真舒服。……在领导岗位上，即使工作苦些、累些，他的心里也是充实的，这种充实感对他来说就是一种无穷的乐趣。

---

① 习近平：《在党的群众路线教育实践活动总结大会上的讲话（2014 年 10 月 8 日）》，《人民日报》2014 年 10 月 9 日。

"当好共产党的'官'是很辛苦的",因此,我们党员干部要做好吃苦的准备。可以说,能吃苦的干部才是真正想干事的干部。

在党员队伍中,有位基层干部,他于 2005 年 7 月被医院确诊患上了尿毒症,但多年来,他不顾病痛,用行动践行着他自定的"管得住自己、帮得了百姓"的信念。他就是四川省广安市邻水县长滩乡纪委干部孔祥权。

2009 年 9 月的一个夜晚,孔祥权收到信息,长滩乡倪某、廖某等 11 户渔民要求黎家渔场解决其待遇问题,倪某等人年龄较大,情绪激动,容易引发突发事件,甚至是群体性事件。孔祥权立即向乡党委汇报,顾不上吃饭就骑摩托车赶赴黎家渔场。由于天黑路滑,他强忍摩托车颠簸带来的腰部疼痛,赶到黎家已经是夜里 11 点了。面对情绪失控的渔民,孔祥权递上香烟和矿泉水,安抚乡亲们激动的情绪,然后和乡亲们交心谈心,不知不觉已到凌晨 4 点。在他耐心、细致的工作下,倪某、廖某等人终于答应通过正常途径解决问题。孔祥权悬着的心终于放了下来,这时才想起每天必须按时服用的药物还放在随身的手提包里。

几年来,孔祥权带病走遍了全乡 7 个村,每一个村民小组都留下了他沉甸甸的足印,每一户家庭都留下了他病痛的身影。自担任纪委干部以来,他成功化解各类矛盾纠纷 200 多起,劝返 20 余名上访人员,化解意外死亡事故 7 起,收集民情民愿 1000 多条。

(摘编自灌云廉政网 2013 年 12 月 13 日)

真正的人民公仆,绝不会因为一点苦而觉得苦,因为"我们不舒服一点、不自在一点,老百姓的舒适度就好一点、满意度就高一点,对我们的感觉就好一点"[①]。

不可否认,每个人希望多一点快乐、多一些享受,无可厚非。但作

① 习近平:《在第十八届中央纪律检查委员会第六次全体会议上的讲话(2016 年 1 月 12 日)》,《人民日报》2016 年 5 月 3 日。

为党员干部，必须要有“党性高于人性”的根本认识。党员干部培养这种精神境界，须从三方面磨炼自己。

第一，加强党性修养和思想教育，牢固树立“四个意识”，坚定“四个自信”，做到“两个维护”，做到心中“四有”。习近平总书记把党性比喻为“党员干部立身、立业、立言、立德的基石”。在十八届中央纪委三次全会上，他强调，全党同志要强化党的意识，牢记自己的第一身份是共产党员，第一责任是为党工作，做到忠诚于组织，任何时候都与党同心同德。

2016 年 1 月 29 日，中共中央政治局召开会议，首次公开提出“增强政治意识、大局意识、核心意识、看齐意识”。这是党中央在新的历史时期，对全体党员干部提出的新要求、新标准。

2016 年 7 月 1 日，习近平总书记在庆祝中国共产党成立 95 周年大会上指出：“要坚持中国特色社会主义道路自信、理论自信、制度自信、文化自信，坚持党的基本路线不动摇，不断把中国特色社会主义伟大事业推向前进。”“四个自信”对广大党员干部进一步提振信心、凝聚共识具有重要意义。

党员干部增强政治意识，必须做到“两个维护”。“两个维护”是指“坚决维护习近平总书记党中央的核心、全党的核心地位，坚决维护党中央权威和集中统一领导”。党的十八届六中全会指出，一个国家、一个政党，领导核心至关重要，并明确习近平总书记是党中央的核心、全党的核心，为坚持和加强党的领导提供了根本保证。

2015 年 1 月 12 日，习近平总书记在同中央党校县委书记研修班学员进行座谈时，提出要做到心中“四有”。他指出：做县委书记就要做焦裕禄式的县委书记，始终做到心中有党、心中有民、心中有责、心中有戒。纵观焦裕禄、孔繁森、杨善洲等优秀党员，他们无不是以党员身份为荣，坚守党性，时刻牢记自己作为党员的职责，始终全心全意为人民服务，在工作岗位上无私付出，干出实绩。

第二，培养对人民群众的真情实感，不辜负党和人民的重托，增强守土有责、守土负责、守土尽责的担当意识。古人云：“善为国者，爱民如父母之爱子、兄之爱弟，闻其饥寒为之哀，见其劳苦为之悲。”党员干部与人民群众心连心、心贴心，就会像父母爱孩子、哥哥疼弟弟一样去爱护人民。

党的好干部焦裕禄说过，在这大雪拥门的时候，我们不能坐在办公室里烤火，应该到群众中间去。共产党员应该在群众最困难的时候出现在群众面前，在群众需要帮助的时候去关心群众、帮助群众。焦裕禄把人民群众当成自己的家人，以群众之苦为苦，以群众之乐为乐，用实际行动践行党的宗旨。

第三，坚决摒弃享乐主义，多一些奋斗精神。党员干部若沉迷于享乐，就会沦为庸碌懒惰之人，吃不了苦，受不得累，不肯多付出。有些党员干部缺乏干事的激情，工作不思进取，就是因为贪图享乐，奉行及时行乐的人生哲学。关于这类干部，习近平总书记在 2013 年 6 月 18 日党的群众路线教育实践活动工作会议上的讲话中有过生动形象的描述：

有的追求物质享受，情趣低俗，玩物丧志，沉湎花天酒地，热衷灯红酒绿，纵情声色犬马。有的拈轻怕重，安于现状，不愿吃苦出力，满足于现有学识和见解，陶醉于已经取得的成绩，不立新目标，缺乏新动力，“清茶报纸二郎腿，闲聊旁观混光阴”。

党员干部要想在付出中感到充实的快乐，必须摒弃享乐主义，懂得苦中有乐、乐享苦累，才能始终保持进取精神、奋斗精神。2013 年 6 月 26 日《人民日报》的一段评论文字，可谓清心洗肺的苦口良药：

今天的环境，远比当年更为复杂，各种诱惑也比过去更多更大，全党同志务必警醒起来，奋斗起来，决不能让无数先贤为之前赴后继的民族复兴夙愿在我们手里停滞，决不能让一代代人为之流血牺牲的使命在我们这一代耽搁。……今天，历史的接力棒交到了我们手里，唯有锤炼坚定的信仰，锻造纯粹的党性，摒弃享乐主义，坚持艰苦奋斗，才能赢得民众信任和信赖，才能把事业的接力棒一代一代传下去。

第三章

不 怕 事

◇ 越怕事，越容易出事

◇ 不怕事，敢出招，才能干成事

◇ 让舆论监督成为工作助力，用得好是真本事

◇ 心怀理想和信仰，展现党性光辉

越怕事，越容易出事

在一些党员、干部中，不愿担当、不敢担当、不会担当的问题不同程度存在。有的做“老好人”、“太平官”、“墙头草”，顾虑“洗碗越多，摔碗越多”，信奉“多栽花少种刺，遇到困难不伸手”，“为了不出事，宁可不干事”，“只想争功不想揽过，只想出彩不想出力”；有的是“庙里的泥菩萨，经不起风雨”，遇到矛盾惊慌失措，遇见斗争直打摆子。这哪还有共产党人的样子?！不担当不作为，不仅成不了事，而且注定坏事、贻误大事。

——2020 年 1 月 8 日，习近平在“不忘初心、牢记使命”主题教育总结大会上的讲话

著名播音主持人白岩松曾在一次座谈中讲述他的一次经历。1997 年香港回归的时候，中央电视台第一次做大型现场直播，他负责驻港部队的全程直播。由于驻港部队是刚成立的，他对“驻港部队”这个词不熟，总是容易错念成“戒严部队”。第一次念错之后，他十分紧张，一紧张，连觉都睡不好了，演练的时候就更经常犯错，同事们都笑话他。

当然，作为专业主持人，白岩松不可能连这点困难都克服不了。他后来把“驻港部队”改成了“驻香港部队”，在其他同事的配合下——他们不再笑话他此前的错误，他终于缓解了紧张，成功完成了那次新闻直播任务。

心理学中有一个“墨菲定律”：人越担心某种情况，这种情况就越有可能发生。很多人都曾有过这样的遭遇：由于害怕、紧张而导致事情出错，诸如考试时一紧张把答案写错了，应聘工作时由于担心自己表现得不够好，反倒发挥不出平时的好口才而变得支支吾吾，危急关头越是想做好一件事情越是错漏百出……

光大证券“8·16乌龙指事件”风波未平，昨天公司再出乌龙指事件。早盘，光大证券在现券双边交易时，高度紧张的交易员再出乌龙指事件，该交易员本意想以4.02%的收益率买入12附息国债15，但将收益率误打成4.20%，并误将“买进”点成了“卖出”。这一差错使原本想捞本的光大证券再次“放血”，白白亏了11.557万元。

（摘编自人民网2013年8月20日）

为什么越担心什么就越有可能发生什么呢？这可以从心理学角度简单解释：一旦产生畏难、恐惧、焦虑心理，人的理智就会受到影响，失去定力，没了分寸，以致惊慌失措。

“越怕事，越容易出事”这一规律，很多时候会应验到干部干事上。比如，党中央大力反腐败，各级纪委监委工作人员应当积极配合中央，制定措施并落实到行动上，严查党内蛀虫。但有些纪检监察干部却畏手畏脚、裹足不前，在大是大非面前不敢亮剑。国家副主席王岐山担任中央纪委书记时，在十八届中央纪委五次全会上强调：再不作为，咱们就要算算账了。应该发现问题，没有发现就是失职，发现了不报告、不处置就是渎职！哪怕离开原岗位了也要问你的责！

又如，有些地区、部门在其所辖区域内发生问题后，因为害怕群众上访、上级处分，不但不及时处理，反而采取诸如“捂盖子”、编造事实等手段隐瞒情况、躲闪问题、逃避责任，企图蒙混过关，结果反倒把事情越搞越砸，小问题升级成大问题，大问题转化为恶性事件，最终无法收场。

“越怕事，越容易出事”，党员干部只有不怕事，才能直面现实，解决问题，化危为机。为什么会怕？无外乎四种情况：一是欠缺责任心，“肩膀太窄”“腰身太软”，不敢担责，在难事、大事面前挺不起胸、抬不起头。二是本领不够，工作能力欠缺，在突发事件面前手足无措，不知如何下手。三是怕监督、怕追责，缺乏现实担当和勇气。四是本身就是问题的根源，想逃脱追究惩处。

面对即将开启的“十四五”规划和二〇三五远景目标，广大党员干部更应以“闯”的精神、“创”的劲头、“干”的作风，着力从三方面去争当改革的排头兵、促进派、实干家。

第一，强化为人民服务的意识和培养高度的责任感。正如习近平总书记所要求的，真抓实干践行以人民为中心的发展思想。在高度服务意识和责任感的驱动下，党员干部即便稍微欠缺工作能力，也不应逃避、推诿、卸责，而应攻坚克难、迎难而上，以力补智，善作善为。

第二，提高工作能力，要“能干事”“会干事”“善谋事”“会共事”。只有提高本领，才有干事的本钱，在大事面前有资格担当尽责。也只有不断增强本领，提高工作能力，才能圆满完成任务，从容不迫地接受人民的监督。党的十九大报告和中共中央办公厅印发的《关于进一步激励广大干部新时代新担当新作为的意见》，都提出了在新时代广大党员干部特别是领导干部应当具备的八大本领和各级党组织应当增强的四种能力。

第三，做事要守住底线，要“干对事”“干成事”“不出事”“善补事”。习近平总书记指出，一个人能否廉洁自律，最大的诱惑是自己，最难战胜的敌人也是自己。只要牢牢守住党员这个第一身份、第一责任，决不逾越底线、不踩红线，清正廉洁、尽职履责，才能真正做到坦坦荡荡做人、光明磊落为官。

面对诸多挑战，担心做不好，怕出事，这种心理是可以理解的。甚至可以说，心怀一丝忧虑和畏惧是值得提倡的，因为这种“怕出事”的心态，说明干部的头脑是清醒的，是有政治辨识力的：知道什么样的事情能做、什么样的事情不能做，知道事情的好与不好。但若真正尽职尽责担当作为，就不该因为这种害怕而失去应有的热情和魄力。对于党和人民群众来说，一名不怕出错、敢于担当、善于作为的闯将，远远胜过一打怕事躲事、裹足不前、畏首畏尾、庸碌无为的干部。

不怕事，敢出招，才能干成事

年轻干部要起而行之、勇挑重担，积极投身新时代中国特色社会主义伟大实践，经风雨、见世面，真刀真枪锤炼能力，以过硬本领展现作为、不辱使命。

——2020 年 10 月 10 日，习近平在中央党校（国家行政学院）中青年干部培训班开班式上发表重要讲话强调

能否敢于负责、勇于担当，最能看出一个干部的党性和作风。……都需要担当，都需要发扬斗争精神、提高斗争本领。要用知重负重、攻坚克难的实际行动，诠释对党的忠诚、对人民的赤诚。

——2019 年 3 月 1 日，习近平在中央党校（国家行政学院）中青年干部培训班开班式上发表重要讲话指出

2014 年 3 月 28 日，习近平主席应德国科尔伯基金会邀请，在柏林发表重要演讲。在回答关于中国周边外交政策的问题时，习近平指出，我们都认为与邻为善、以邻为伴是唯一正确的选择，中国对周边国家坚持亲、诚、惠、容的理念，在事关中国主权和领土完整的重大原则问题上，我们不惹事，但也不怕事，坚决捍卫中国的正当合法权益。

“不惹事”是一种自我保护的智慧，“不惹事”的人往往与人为善、守法守纪。“不怕事”则表明一个人、一个组织具有正义感，有勇气、尊严，面对有悖正义的事情敢挺身站出来。

党员干部也要坚持“不惹事，但也不怕事”的干事原则。不惹事即不要无事生非或者胡乱干事、捅娄子，尤其切忌在八小时工作之外做有违道德或者党纪的事情。不怕事是在麻烦、困难、危险奔涌而来的时候不逃避、不推诿、不卸责，勇于担当，敢于冲在第一线，以高度的政治责任感和使命感，坚决担当起该担当的责任，果断拿出措施和有效的行动。

绝大多数党员干部都遵纪守法，尽职尽责，但是，在“不怕事”方面，少数党员干部做得并不好。对于一些党员干部“怕事”的表现，下面一则报道总结得很到位：

2012 年国务院发布实施的《机关事务管理条例》明确要求，各级人民政府应当建立健全机关运行经费公开制度，定期公布公务接待费、公务用车购置和运行费、因公出国（境）费等机关运行经费的预算和决算情况。但各地对三公经费信息公开并不积极。

一些政府部门为何对三公经费信息公开存有抵触情绪？

“畏难”是一个原因。部分基层党政部门和事业单位负责人对本部门三公经费使用情况并不完全掌握，对于公开三公经费开支“底气不足”。

山东省一位地级市政府接待处处长说，现在很多部门没有对外公布三公经费，是因为内部三公经费开支混乱，自己首先就不清楚哪些应该纳入三公经费以及这些经费的具体使用情况，“没法对外公布”。

“怕事”也是一个原因。不少地区三公经费开支标准不明确或虽有标准但未对外公布，有的基层干部认为，如果仅将数字对外公开而难以对其进行解释说明，就会导致公开之后被社会炒作，“引起骂声一片”，因此抱有多一事不如少一事的心态。

河北省一位基层干部说：“一个现实问题是，很多钱实际上是应该花的，但因为没有一个参照标准，公众无法判断这笔钱是不是应该花，花得算不算超标，所以公布出去就可能对政府形象造成负面效应。”

担心引起“不必要的麻烦”，本刊记者采访时发现，持有这种观点的基层干部不在少数，集中体现为：“怕监督”，担忧三公经费公开后引起财政、纪检、监察等部门关注；“怕惹事”，担忧公开后被媒体报道，遭公众指责；“怕出头”，担忧本部门在本地区率先公布三公经费引起非议。

（摘编自《瞭望新闻周刊》2013年5月25日）

上述报道提到了党员干部当前有“四怕”：“怕困难”“怕监督”“怕惹事”“怕出头”。深究这“四怕”的原因，不难看出：“怕困难”“怕出头”是因为责任心不到位，缺乏担当精神，做事遇到困难就退缩不前，抱着“鸵鸟”心态，该做的事情不敢做，畏首畏尾；“怕监督”“怕惹事”是因为工作能力不足、本领恐慌，导致“底气不足”，该出手时不知手该往哪里出，或者做事没规矩，不懂进退行止的边界，担心工作出纰漏，不敢保证所作所为全都合理合法，怕被媒体问责、群众指责、上级追责。

“怕事”是一种精神退步，怕事难以真正干事。党员干部应该以“四不怕”应对“四怕”：一是不怕困难，知重负重，迎难而上，攻坚克难，勇于负责，敢于担当，善于作为，尽职履责，善作善成。二是不怕认错，“出事”后敢于站出来，有勇气面对，认错改错，快速补救，及时总结，从错误中历练成长，不断提高工作能力。三是不怕监督，接受上级领导和外界的批评指正，把监督视作防护栏、保护伞，在监督中进步，勇于担事。四是不怕牺牲，在党和人民需要的时候挺身而出，甘于奉献。

党员干部唯有不怕事、敢担当，增强干事的能力，保持对事业的执着与热忱，才能与党中央同步，与上级同步，与新时代中国特色社会主义大发展同步，在创先争优的大潮中敢于打破常规，大胆创新，干出成绩，实现价值。

队伍是带出来的，党员干部特别是领导干部，唯有不怕事，在困难和风险面前敢于“接招”，才能打造一支强大的高素质专业化干部队伍。

让舆论监督成为工作助力，用得好是真本事

增强党自我净化能力，根本靠强化党的自我监督和群众监督。要加强对权力运行的制约和监督，让人民监督权力，让权力在阳光下运行，把权力关进制度的笼子。强化自上而下的组织监督，改进自下而上的民主监督，发挥同级相互监督作用，加强对党员领导干部的日常管理监督。

——2017 年 10 月 18 日，习近平在中国共产党第十九次全国代表大会上的报告

领导干部要正确对待监督，主动接受监督，习惯在监督下开展工作，决不能拒绝监督、逃避监督。

——《关于新形势下党内政治生活的若干准则》

“没有主角，没有预谋，没有策划，只是各种小道新闻和言论如潮水般汹涌而至，一下子就把不知所措的秦池给‘淹没’了，用一种形象的语言，秦池是被‘自杀’的。”财经作家吴晓波在《大败局》中讲述“标王”秦池的故事时指出，秦池轰然倒塌的原因之一是：当“各种小道新闻和言论如潮水般汹涌而至”时，秦池怕了，乱了阵脚，最终被负面消息击垮。

害怕媒体和舆论的不仅有企业，还有党政机关及其党员干部。

早在 2010 年，《人民论坛》杂志就曾联合人民网、腾讯网做过一

次主题为“当代中国官员的‘网络恐惧’”的调查。调查数据显示：70% 的受调查者表示当代中国官员患有“网络恐惧”；47% 的受访官员认为，县处级的干部最怕网络监督，其中干部类型又以宣传部长和县委书记为甚；55% 的受调查者认为网络监督带来压力，10% 的受调查者觉得“压力很大，让人提心吊胆，严重影响正常工作开展”。

在移动互联网时代，网络舆情无疑成为监督党员干部十分重要的手段，这也意味着那些“怕监督”的干部面临更大压力。特别是在出了事、“见不得光”时，一些党员干部及党政部门更是把媒体当成洪水猛兽，只想着离它越远越好。在很多舆论危机中某些部门缺乏危机应对能力和舆论把控力，越害怕，越遮掩，则越无助解决问题，反而可能使问题恶化，走向失控，同时使相关责任人陷入被动局面。

新事物层出不穷，新技术应接不暇。在舆论领域，新工具不断翻新，传播渠道铺天盖地。2019 年 1 月 25 日，中共中央政治局举行第十二次集体学习，习近平总书记强调，全媒体不断发展，出现了全程媒体、全息媒体、全员媒体、全效媒体，信息无处不在、无所不及、无人不用，导致舆论生态、媒体格局、传播方式发生深刻变化，新闻舆论工作面临新的挑战。全新环境下的党员干部，需要增强接受舆论监督的本领，把舆论监督当作动力、助力，助推工作迈上新台阶。

党员干部正确应对舆论监督，需要遵循以下三个原则。

第一，正确认识舆论监督。习近平总书记在谈到监督问题时，曾语重心长地说道：“一些领导干部怕监督、不愿意被监督，觉得老是有人监督不自在、干事不方便。古人说：‘距谏者塞，专己者孤。’如果把监督当成挑刺儿，或者当成摆设，就听不到真话、看不到真相，有了失误、犯了错误也浑然不知，那是十分危险的。”① 监督不是可有可无，而是必要的。党员干部特别是领导干部，要充分认识到监督，特别是舆论监督的必要性。只有对舆论监督有正确的认识，才能在工作中妥善地

① 中共中央文献研究室编：《习近平关于全面从严治党论述摘编》，中央文献出版社 2017 年版，第 204 页。

处理好与舆论的关系，把握好舆论的方向。可以说，“舆论认识力”“舆论把握力”“舆论引导力”“舆论领导力”是新时代党员干部必须具备的一项基本能力。

第二，善于利用舆论监督的力量，让舆论监督成为工作助力。以2003年的“非典”事件为例，北京市原市长被免后，王岐山从海南急调北京担任代理市长。王岐山一到任便采取了与他此前低调行事风格完全不同的做法：保持高曝光率。为什么要这么做呢？他说，这是为了消除市民的恐惧。

面对媒体，王岐山也采取了毫不遮掩躲避的态度，坦诚公开真实数据。他说：“舆论监督，当然会暴露北京的阴暗面，作为市长，我虽然脸上无光，但暴露了问题，市政府以及我本人，才有了解决问题的压力和动力。可以这样讲，舆论监督是帮我工作，是推动我的下属和我一起去做好工作。”

面对惶惶民心、汹汹舆论，王岐山非但没有拒媒体于千里之外，反而借助媒体保持高曝光率，让北京市民看到一市之长，始终站在前台、冲在一线，运筹帷幄、自信满满，完全能够带领2000多万首都人民奋力攻坚，排除万难。事实证明，事态得以控制、人心得以稳定，王岐山成为群众眼中的“救火队长”“明星市长”“魅力市长”。他应对媒体的做法表明，舆论监督并不可怕，而且非常有必要。舆论监督呈现硬币的两面性，关键是你翻开哪一面，如何充分利用它、借助它，让它助力更好地解决问题。

“非典”17年后，2020年初，当又一场疫情突然而至时，各地党政机关显然对媒体和舆论有了更多的自信和更强的驾驭能力，很多领导干部不但能够正确对待舆论监督，而且把舆论当作助力，挖掘传统媒体和舆论的潜力，把握利用各种舆论新工具，及时向人民传达党和政府的新政策、新信息、新举措，并善于利用新媒体自传播力强的优势，引导各类新媒体传播正能量，使抗疫工作更具透明化、即时化、群众化。从中央到地方，全国上下聚成一条心，拧成一股绳，形成一盘棋，“把个人冷暖、集体荣辱、国家安危融为一体，‘天使白’、‘橄榄绿’、‘守护蓝’、‘志愿红’迅速集结，‘我是党员我先上’、‘疫情不退我不退’，誓言铿锵，丹心闪耀”[①]。铸就了“中国式抗疫”的全球“神话”，“充分展现了中国精神、中国力量、中国担当”。

一言以蔽之，党员干部应把舆论监督看成自身工作的助力，接受监督、善用舆论。正如习近平总书记在2019年1月25日中共中央政治局举行第十二次集体学习时讲到的那样——“用得好是真本事”。

第三，知错认错，马上改错。

2011年6月26日晚，网友“jiaoao592”爆料称，某县政府网的首页图片新闻中的一张领导视察的图片是“PS”合成的。此爆料引起网友广泛关注，一时间，该县政府陷入了舆论危机中。该县相关工作人员是如何应对的呢？

27日下午，该县政府开设认证微博，回应照片合成事件，发表道歉声明如下：

“由于我县工作人员的失误，在政府网站上发表了一张‘PS’过的照片，他对于新闻真实性的理解有误，使得我县在网络上受到了更多的关注。在此，县政府对于广大网友的关注表示理解，并对此事道歉，并澄清。”

与此同时，一位署名为孙正东的网友贴出未经“PS”的原图，并说明由于在新闻现场没有找到好角度拍摄好，才修改了照片，以配合新闻报道。

（摘编自新华网2011年6月27日）

该县政府知错认错，及时、正面回应的做法提高了政府的公信力，带来了极其显著的效果。网友不仅原谅了他们的失误，而且夸赞他们与时俱进，能够用微博这个新媒体工具应对媒体危机。

---

① 习近平：《在全国抗击新冠肺炎疫情表彰大会上的讲话（2020年9月8日）》，《人民日报》2020年9月9日。

通过上述案例，党员干部可以学习在舆论危机中如何重获群众的信任：一是保持冷静，客观分析事实，敢于直面媒体和舆论；二是快速作出合理回应，以第一时间安抚社会情绪、稳定民心，掌握舆论主动权；三是有错认错，不推诿不卸责，坦率真诚、做事磊落，及时纠正错误，最大化弥补过失。

知错认错这一步尤其重要，它是我们干部应对舆论监督的一项重要原则，敢于认错既表达了负责任的态度，也展现了领导者的胸怀，是重获人民群众信任的重要方法。

心怀理想和信仰，展现党性光辉

广大党员、干部要坚定理想信念、更新知识观念、掌握过硬本领，自觉站在党和国家大局上想问题、办事情。要建立健全激励机制，推动形成能者上、优者奖、庸者下、劣者汰的正确导向，为改革者负责、为担当者担当，激发党员、干部干事创业的热情和劲头。

——2020 年 10 月 14 日，习近平在深圳经济特区建立 40 周年庆祝大会上的讲话

要把坚定理想信念作为党的思想建设的首要任务，教育引导全党牢记党的宗旨，挺起共产党人的精神脊梁，解决好世界观、人生观、价值观这个“总开关”问题，自觉做共产主义远大理想和中国特色社会主义共同理想的坚定信仰者和忠实实践者。

——2017 年 10 月 18 日，习近平在中国共产党第十九次全国代表大会上的报告

“广场上出事了！”手中的对讲机传来急促的呼叫声。张立元感觉事情不对，抓着对讲机就向火车站广场冲去……

“刚到火车站小件寄存处，我就与一个手里拿着长刀、身着夹克的暴徒正面撞见，他拿着刀向我冲过来。我就引着他往停车场人少的地方跑。可是，他并不跟我跑，反而向出站口人群密集的地方跑去。”张立元心想，这下坏了，如果暴徒到了出站口，就会有更多人受到伤害。

“我在这，来砍我！来！来！来！”张立元喊叫着，想把暴徒往人少的停车场引。果然奏效了，暴徒回来追他，追到一辆车旁边时，张立元围着车进退周旋了一阵，暴徒又向出站口跑去。

此时，接到消息的昆明站派出所执行队长和一位民警手持警棍和防暴叉赶来，与张立元一起合围那名暴徒。在大家的合力下，暴徒被按倒在地。

可就在这时，另外 3 名暴徒正挥舞着长刀从他们身后冲来……

（摘编自法制网 2014 年 3 月 5 日）

上述新闻报道《危难时刻大喊“来砍我”——昆明暴恐袭击事件警察速写》中的张立元同志，是昆明铁路公安处昆明站派出所值班副所长，在昆明“3·01”暴恐案中，他挺身而出，引开暴徒，避免了暴徒对人民群众更大的伤害。

“来砍我!”简单的三个字，却充满了力量和大无畏牺牲精神。在平平常常的工作中，党员干部勤勤恳恳，踏踏实实，尽职尽责，十分可贵；在危急时刻，毫不退缩，挺身而出，冲在前面，更让人民群众感受到了党员的伟大力量。这是一种伟大精神，是为党为国为民不惧艰险、勇于奋斗、敢于牺牲的大无畏精神和气质。正是这种精神和气质，铸就了党的辉煌、国家的强盛、人民的幸福。

据中央电视台等新闻媒体报道，2019 年 3 月 30 日 17 时，四川省凉山州木里县境内发生森林火灾。当地地形复杂、坡陡谷深，交通、通信不便。火灾发生后，当地政府立即投入 689 人在海拔四千余米的原始森林展开扑救。31 日下午，扑火人员在转场途中，受瞬间风力风向突变影响，突发林火爆燃，27 名森林消防指战员和 3 名地方扑火人员失联。

2019 年 4 月 1 日晚，经全力搜救，30 名失联扑火人员全部找到，均已经牺牲。27 名来自西昌森林消防大队的战士，1 个“80 后”，24 个“90 后”，2 个“00 后”，年龄最小的只有 18 岁。

在和平年代，总有人向死而生。他们不是为了自己，而是为了人民，为了党和国家。有网友在哀悼中深情地留言："可以说，在和平年代，消防员是最危险的工作之一，然而总有人矢志坚守，总有人向火而行，总有人用生命守护人间安宁。"正是这些英雄，以自己的生命，深刻地诠释了党性的光辉、党员的力量。

不是所有的党员干部都会面临生死考验，也不是每一位党员干部都需要奋斗在血与火的第一线，但党员干部应该具备这种大无畏的自我牺牲精神。这种精神是党性的最高体现。

据《解放军报》报道，2019 年 3 月 29 日，中共中央宣传部发布甘肃省古浪县八步沙林场"六老汉"三代人治沙造林先进群体的感人事迹，并授予他们"时代楷模"称号。

八步沙林场地处河西走廊东端、腾格里沙漠南缘的甘肃省古浪县。昔日这里风沙肆虐，侵蚀周围村庄和农田，严重影响群众生产生活。为保护家园，20 世纪 80 年代初，郭朝明、贺发林、石满、罗元奎、程海、张润元六位村民，义无反顾挺进八步沙，以联产承包形式组建集体林场，承包治理 7.5 万亩流沙。30 多年来，以"六老汉"为代表的八步沙林场三代人，矢志不渝、拼搏奉献，科学治沙、绿色发展，持之以恒推进治沙造林事业，至今完成治沙造林 21.7 万亩，管护封沙育林草面积 37.6 万亩，以愚公移山的精神生动书写了从"沙逼人退"到"人进沙退"的绿色篇章，为生态环境治理作出了重要贡献。

"时代楷模"发布仪式现场发布了八步沙林场"六老汉"三代人治沙造林先进群体的感人事迹，宣读了《中共中央宣传部关于授予甘肃省古浪县八步沙林场"六老汉"三代人治沙造林先进群体"时代楷模"称号的决定》。中央宣传部负责同志为先进群体代表颁发了"时代楷模"奖章和证书。

（摘编自《解放军报》2019 年 3 月 30 日）

我无法考证，这些"时代楷模"是否都是党员，但坚信，即使不是党员，他们的骨子里透出来的也是坚定的理想、信仰和牺牲精神。从1921 年中国共产党成立，到今天成长为世界第一大党，历经近百年历程，这种精神气质已经凝结为我们党的基因和成功密码，传承一代又一代。

和平年代，需要党员干部“流血”“献身”的时刻并不多。也正因为如此，有的党员干部变成了“温水里的青蛙”，习惯了安稳日子，且不说能在关键时刻挺身而出，就是在需要流点汗、出点力的时候都不能吃点苦、耐点劳。比如，有的领导干部“出门考察，有高级轿车坐着；参加会议，有人代写讲话稿；连上车都要人代开车门，喝茶的杯子和开会的公文包都要人代拿”。典型的如下面两则事例中的“背上官员”：

2013 年 10 月 13 日晚上，有网友发出这样一条微博：“余姚三七市镇某领导今日下乡视察水灾，某领导因穿高档鞋子，迫不得已由年近六旬的村书记将其背进灾民家里！”

经调查，“某领导”为余姚三七市镇干部王某某，和老书记关系较好，在老书记的“主动要求”下，便任由其背了。但即便如此，王某某还是被免去了职务。

（摘编自《都市快报》2013 年 10 月 15 日）

2014 年 6 月 20 日 12 时 30 分，贵溪市白田乡兰田村，3 名小学生在吃完午饭返校途中意外落水，1 人死亡 1 人失踪。贵溪市政府办公室原副主任王某某去到了事发现场，在现场，为了避免蹚水，他叫同事背其过河。同事跟他关系不错，也就“友好”地答应了。事后，王某某被免职。

（摘编自新华网 2014 年 6 月 21 日）

看起来，这两人都很“委屈”：无论是“被求背”还是“主动求背”，都是“朋友式帮忙”，似乎没犯什么原则性的错误，不致被“全网讨伐”乃至免职。然而，果真如此吗？险情当前，即便由于有指挥任务在身而不能冲到前线去救灾救人，“牺牲”一双鞋子以便争取时间总是可以的。

上述案例对所有党员干部敲响了警钟：如果缺乏真正以人民为中心的理念，且不说不敢在危难时刻流血献身，即便在一些小事情上，也会由于过于爱惜自己那双“鞋子”而把党性丢弃。党员干部只有心怀理想信仰、提高政治站位，牢记第一身份，肩负第一责任，才能在工作中发挥先锋模范作用，让人民真切感受到党性的光辉。

第四章

敢 担 事

◇ 党看干部主要看“肩膀”，看能不能负重，能不能“超负荷”

◇ 增强勇气锐气，根治庸政懒政怠政

◇ 敢于担当，敢于啃硬骨头，敢于涉险滩

◇ 敢于亮剑，对腐败分子说“不”

党看干部主要看“肩膀”，看能不能负重，能不能“超负荷”

不担当不作为，不仅成不了事，而且注定坏事、贻误大事。

——2020 年 1 月 8 日，习近平在“不忘初心、牢记使命”主题教育总结大会上的讲话

我们要在选人用人上体现讲担当、重担当的鲜明导向，把敢不敢扛事、愿不愿做事、能不能干事作为识别干部、评判优劣、奖惩升降的重要标准，把干部干了什么事、干了多少事、干的事群众认不认可作为选拔干部的根本依据，激励各级干部撸起袖子加油干。

——2018 年 7 月 3 日，习近平在全国组织工作会议上的讲话

公元前 284 年，齐国被秦国、燕国等五国联军攻打，齐王在战乱中被叛臣杀死，齐国几近沦陷，只剩下莒城和即墨两座孤城。

即墨城内大多是逃亡的老百姓，听说燕国大将乐毅要来攻城，十分惶恐，这时，城内的齐军将领却因害怕仓皇逃跑。绝境之下，有人提议推举田单当将军。田单原本是负责管理市场的“市掾”，在逃往即墨的过程中，因帮助同族人修好损坏的马车，得到信任。虽无经验和足够兵力，且面对强敌，田单还是毫不犹豫地接过了重担。

担任将领后，他首先整顿军队，团结百姓，使兵民团结一心。之

后，他采取离间计让燕王召回了乐毅，改派了个能力一般的将军带兵，同时利用谣言扰乱敌军军心。做足准备后，他抓住有利时机，率领城内兵民发动进攻，最终完胜燕军。齐军乘胜追击，收复了所有沦陷的城邑。

即墨之战是历史上有名的以弱胜强、以少胜多的经典战例。

齐国“死而复生”后，新齐王因田单救国有功，封其为安平君。

在古代，“君”为卿大夫的一种，卿大夫居于诸侯之下，诸侯居于天子之下。田单从一个“市掾”小官到“安平君”，是多么大的人生跃迁。他实现这种人生逆袭的关键是什么呢？在于他不怕困难，敢于担当，具有“天塌下来我顶着”的大丈夫气魄，以一人之力救国家于危难、拯万民于水火。若非如此，在当时看起来根本不可能击败敌军的情况下，他早就逃之夭夭了，也就不可能立下救国大功。

广大党员干部在干事创业中，也应当具有“天塌下来我顶着”这样一种担当精神，敢做“出头鸟”，在别人犹豫和退缩时，当仁不让，率先冲上去。

担当就是责任，一个领导干部好不好，很重要的一条是看有没有责任感，有没有担当精神。领导干部是党执政为民的骨干，肩上责任重大，担当义不容辞，有多大的担当才能干多大的事业！

2020年9月8日，全国抗击新冠肺炎疫情表彰大会在人民大会堂举行。当武汉市金银潭医院院长、渐冻斗士张定宇蹒跚而又坚定地走上人民大会堂台阶时，多少观众为之泪目。

张定宇任院长的金银潭医院是最早收治新冠肺炎患者的医院，被市民们誉为“全民抗疫阻击战最早打响的地方”“武汉风暴之眼”。他不顾渐冻症的折磨和障碍，在危急关头带领医护人员冲在第一线，快速组建隔离病区、亲自主导一线救治、紧急调配紧缺防护资源、深入动员遗体捐献、全力推动尸检，为精准了解病毒、救治危重患者、战胜疫情争取了宝贵时间，创造了重要条件。

张定宇说："我们要保卫武汉、保卫武汉人民，我作为一个普通医院的院长喊出这个口号，这是任何人都要做的事情，位卑未敢忘忧国。"

在华中科技大学2020级本科生开学典礼上，张定宇应邀演讲，他深情地说："有人问我，身体状况都这样了，为什么还这么拼？我说，如果你的生命开始倒计时，就会拼了命去争分夺秒做一些事。现在不想歇，在漫长的以后，我会一直歇着。歇不住又何尝不是一种幸福？""我不能延长生命的长度，但为什么不让生活更丰满呢？""希望在大瘟疫肆虐的时刻，我能用残缺的身体燃烧出的微弱之光，疗愈世间的伤痛！"

正如习近平总书记在全国抗击新冠肺炎疫情表彰大会上的讲话中指出的，一个民族之所以伟大，根本就在于在任何困难和风险面前都从来不放弃、不退缩、不止步，百折不挠为自己的前途命运而奋斗。同样，世上没有从天而降的英雄，只有挺身而出的凡人，正是像张定宇这样的千千万万的平凡英雄，在群众面临危难时，毫不退缩，向险而行，以担当诠释忠诚，以牺牲凝铸党魂。

不可否认，担当有时会遭受暂时的误解。这时，担当有着更深刻的内涵：不但敢于担责，还要勇于承受暂时的委屈、压力甚至非议。担当不仅要靠理想、信念、觉悟、勇气支撑，还需要强大的内在力量，需要承受力，能够正确对待误解、诋毁、辱骂，甚至暂时的不公正。

耿彦波曾是一位从来不缺曝光度的市长，被诋毁、被侮辱，但被更多人称赞，当然也遭受一些媒体，甚至知名媒体的质疑。从大同市市长调任太原市市长，大同很多群众通过各种方式向上级强烈请求把耿彦波留在大同。2013年，山西十大文化符号评选，太原市市长耿彦波竟然力压晋祠、山西大院、晋商、黄河、关公、老陈醋，位列第一。有网友留言："可见公道自在人心，在好多老百姓心目中耿彦波也成了符号式的人物。一个现代人，超越了许许多多历史名人，在众多古文化符号中凸显出来凤毛麟角的现代符号，这是时代的一种进步。"

《东方早报》采访耿彦波，他敞开心扉，谈起自己对“骂声”的理解：

从骂声中我总结了人生的很多东西。你不要想着一干好事大家都说你好，一说不好不敢干了。很多干部过不了这个关——我替你们干好事，你凭什么骂我，想不通，就不干了。

我担当这个责任，所以我走到哪里都在旋涡中。

大家都说你好，恰恰是危险的时候；大家都骂你的时候，也许好日子就快来了。所以我如临深渊。

我有几个总结：第一是留遗产还是留遗憾。一定要有长远眼光，政府不能搞短期行为，一定要有长远规划。

第二是挨一时骂还是挨千秋骂。我不在乎一时的得失和骂声，骂我我沉得住气。我们有很多能干的人，一看挨骂就说，算了，我不干了，跟他们相比，我像“二百五”。

作为一个官员，你不干事，你走了以后呢？老百姓骂你懒官、庸官，甚至贪官，那就得挨千秋骂。逃得了一时骂，逃不了千秋骂。

（摘编自《东方早报》2013 年 2 月 17 日）

耿彦波从太原市退休后，很多山西网友留言表达不舍之情，可谓情真意切。其中一位网友的留言让我们看到了一位共产党人的品格和修养，即“他让人民读懂了：一名真正的共产党员‘为人民服务’的情怀，原来是如此朴素，如比真切，如此接地气。”

党员干部干事创业，一定要有这样的气魄：敢扛事，能顶事，不惧挨骂，不怕做“出头鸟”。唯有具备大胆前行的勇气，敢于拨云见日、拨乱反正，敢于同一切艰难险阻作斗争，能为别人所不能，才能成就一番事业。

现代社会，公务员已经职业化，竞争激烈。党和国家又在大刀阔斧地进行政府职能转变和组织机构优化，党员干部竞聘职位时将会面临更严峻的“僧多粥少”的竞争环境。要想在众人中脱颖而出，在从政道路上更进一步，不具备担当精神，是走不远、走不稳的。正如习近平总书记所言，党员干部敢于担当不仅是一种责任，更因为“有多大担当才能干多大事业”①。

如何培养担当精神呢？可以从以下五个方面着手：一是坚守信仰，始终在政治立场、政治方向、政治原则和政治道路上同党中央保持高度一致，永葆积极有为的心态。二是强化责任意识，时刻牢记自己的职责和使命，积极担责，勇于担责，真正做到在其位、谋其政、干其事、毕其功。三是培养进取精神，保持对成功的渴望，不因艰难险阻丧失斗志，做到信念过硬、政治过硬、责任过硬、能力过硬、作风过硬。四是要有机遇意识，对当前新形势、新政治生态有清醒的认识和判断，善于抓住机遇，勇做改革先锋和马前卒。五是善于作为、奋勇争先，要强化贯彻意识，增强落实能力，强化执行效果，在结果上下功夫，拿结果说话，用成绩衡量担当，没有成绩和结果的担当不是真正的担当。

① 《习近平谈治国理政》，外文出版社2014年版，第415页。

增强勇气锐气，根治庸政懒政怠政

中央和国家机关是贯彻落实党中央决策部署的“最初一公里”，不能出现“拦路虎”……地方党委是贯彻落实党中央决策部署的“中间段”，不能出现“中梗阻”……基层党组织是贯彻落实党中央决策部署的“最后一公里”，不能出现“断头路”。

——2020 年 6 月 29 日，习近平在十九届中央政治局第二十一次集体学习时的讲话

随着全面从严治党的深入推进，干部乱作为问题得到有效遏制，但也有少数干部存在不作为慢作为的问题，有的庸政懒政怠政、改革勇气锐气弱化，需要按照严管和厚爱结合、激励和约束并重的要求，着眼于建立激励机制和容错纠错机制，抓住影响干部干事创业、担当奉献的关键症结，有针对性提出对策措施。

——《关于进一步激励广大干部新时代新担当新作为的意见》

据张邦基《墨庄漫录》和《苏轼文集·以乐害民》记载，北宋权相蔡京曾任扬州知府，看到“扬州芍药为天下冠”，“始作万花会”。这“万花会”奢侈至极，“用花十余万枝”，劳民伤财不说，“既残诸园，又缘吏为奸”。蔡京离开扬州后，扬州后来的新官循旧例，年年办万花会，百姓有苦不能言。

后来，蔡京被调走，刚从乌台诗案中侥幸“逃生”的苏轼辗转到

扬州任知州。苏轼原是被召回京城的，或许考虑到京城有些官员还想诬陷他，也可能想过一段逍遥日子，看看扬州美景，他主动请求外放扬州。

到扬州半年，苏轼看到了诸多美景，也曾叹“扬州十日红千叶，自是风流时事妆”。但是，他也了解到，扬州百姓之苦以万花会的举办为首。因此，当举办万花会的日子临近，他的学生晁补之提议循旧例时，他敲着晁补之的脑门儿说：“二十万虎狼在人间，百姓何以安生？”他不怕得罪已为宰相的蔡京，取消了万花会。人们得知，“皆鼓舞欣悦”。

苏轼本想去扬州看风景，最终却做了一件“煞风景”的事——取消万花会。在仍被部分朝臣排挤的情况下，他的这一举措可能会让那些人借题发挥，或者引起权奸蔡京的不满，其仕途前景更为堪忧。取消万花会看似小事，却需要胆量魄力。苏轼这种不畏权臣的胆量，既源自他刚正不阿的性格，也是他的为官理念和权力观使然——他深知“权为民所赋”这一道理，故能大胆用权、正当用权。

当前，少数党员干部缺乏服务人民的宗旨意识和责任意识，不敢用权，在其位不谋其政。在 2014 年 1 月 14 日召开的十八届中央纪委三次全会上，习近平总书记就曾指出这一现象：有的地方担心查办案件会损害形象、影响发展，有时存在压案不办、瞒案不报的情况。大家在一口锅里吃饭，很难监督别人。对地方纪委来说，同级监督忌讳也不少，这些年发生的一把手腐败问题，很少有同级纪委主动报告的。有的地方纪委领导甚至对反映同级党委领导干部问题的同志说：你不要讲了，我什么也没有听见。这种现象很不正常，必须有所改变。

《南方日报》曾刊文指出，不敢用权是一种“机关病”，是缺乏干事勇气、锐气，懒政庸政怠政的表现。这种病的症状有：

一是怕担当责任而不敢用权。保官持禄思想严重，忘记自身作为人民公仆的职责，心想只要不影响工资和福利，事情多干不如少干；遇到需要担当责任的问题时，尽可能拖延、推脱，以免捅娄子、犯错误。

二是怕遭到报复而不敢用权。面对违纪违法行为，采取睁一只眼闭一只眼或视而不见的态度，将职责与良知抛在脑后，生怕得罪人，遭到报复，一心只想保住自己的爵禄。这类庸官把人民赋予的权力当成一种摆设，在其位而不谋其政，浪费社会资源。

三是为了讨好上级而不敢用权。无论大小事务一律向上级领导请示，一切都按领导的意思办，长此以往，依赖性使其不敢自主决策，生怕领导怪罪而被疏远。

（摘编自《南方日报》2012 年 4 月 14 日）

对于党员干部不敢用权，不作为、慢作为、假作为，庸政懒政怠政的问题，2013 年 6 月 28 日，习近平总书记在全国组织工作会议上提出严厉的批评：这种不求有功、但求无过的“圆滑官”“老好人”“推拉门”“墙头草”多了，党和人民事业还怎么向前发展啊？

在 2015 年 2 月 9 日召开的国务院第三次廉政工作会议上，李克强总理指出：各级政府和领导干部要敢于担当、主动作为，勤勉尽责、善谋善为。对懒政庸政怠政要严肃问责，对不敢抓、不敢管、尸位素餐、碌碌无为的干部，坚决采取组织措施，为官不为的典型要公开曝光。

不敢用权这种“机关病”必须整治。权力意味着责任，有权不用表现出的懒作为、慢作为、不作为以及怕作为都属于失责、变相腐败。“国以贤兴，政以才治，为政之要惟在用人。”一些党员干部不敢用权不仅会导致工作无法深入开展，若任由这一“机关病”蔓延，还会侵蚀党风，给党的组织建设带来无穷危害。

如何根治不敢用权这一“机关病”呢？大致可从以下三个方面着手：

第一，党员干部要强化责任意识和公仆理念。唯有树立正确的责任意识和担当精神，将以人民为中心的理念转化为职业本能，党员干部才能在遇到困难时敢于用权，敢于尽责，做好该做的事情。

第二，树立正确的权力观——权为民所赋，权为民所用。不敢用权的党员干部对权力的认识往往是片面的、错误的，主要表现为用权脱离群众，把权力当成自己的私物；或者凌驾于权力之上，以权谋私；或者为了“不出事”而尸位素餐、无所作为。

错误的权力观是党员干部走入政治歧途的主要原因，要想降低从政风险，首先要树立正确的权力观，把权力当成一把双刃剑，心怀敬畏：该用权时用权，不该用时坚决不用。

党员干部对权力要有清醒的认识：敢于用权不是指凌驾于权力之上，滥用权力，无视党纪国法；而是在自己的职责范围内敢于行使权力，不怕得罪人，让权力发挥真正的作用，做到像习近平总书记强调的那样，“面对大是大非敢于亮剑，面对矛盾敢于迎难而上，面对危机敢于挺身而出，面对失误敢于承担责任，面对歪风邪气敢于坚决斗争”①。

第三，领导班子要树立鲜明的重实干重实绩的用人导向，充分发挥干部考核评价的激励鞭策作用。领导班子要加强制度化建设，特别是监督制度。完善、强化考核监督机制，使有权不用、有权不会用、有权不善用的行为得到遏制和惩处。

---

① 《习近平：在常学常新中加强理论修养 在知行合一中主动担当作为》，《人民日报》2019年3月2日。

敢于担当，敢于啃硬骨头，敢于涉险滩

奋斗是艰辛的，艰难困苦、玉汝于成，没有艰辛就不是真正的奋斗，我们要勇于在艰苦奋斗中净化灵魂、磨砺意志、坚定信念。

——2018 年 2 月 14 日，习近平在 2018 年春节团拜会上指出

胆子要大，就是改革再难也要向前推进，敢于担当，敢于啃硬骨头，敢于涉险滩。

——2014 年 2 月 7 日，习近平在接受俄罗斯电视台专访时答记者问

两个人都在火车站等车，准备去打工。本来，A 想去北京，B 想去深圳。等车时两人听到旁人说：深圳很乱，各种投机倒把分子和骗子，很可能去到那里就被坑骗了；在北京不用担心找不到工作，捡瓶子也能攒下不少钱。

A 听后觉得深圳更有发展机会，于是改签了去深圳的火车。B 听后觉得去深圳有危险，北京赚钱可能更容易，于是改签了去北京的车票。多年后，A 从深圳乘飞机到北京出差，和客户从饭店走出来时看到了正在捡瓶子的 B。

一个人因为害怕困难而选择了看似容易的道路，最终一事无成；另一个人因为心存梦想敢闯敢干，最终获得成功。故事警醒我们：在追求

梦想的道路上，一定要有不惧困难、敢闯敢为的精神。

大多数党员干部心怀职业理想，这种理想的最高境界就是习近平总书记所说的“实现中华民族伟大复兴的中国梦”。越是伟大梦想，越需要跨越艰难险阻。如果缺乏解决难题的勇气和拼搏奉献的精神，畏惧困难、挫折和挑战，不敢作为，便不可能干成事。

习近平总书记曾指出：“中国改革经过30多年，已进入深水区，可以说，容易的、皆大欢喜的改革已经完成了，好吃的肉都吃掉了，剩下的都是难啃的硬骨头。这就要求我们胆子要大、步子要稳。胆子要大，就是改革再难也要向前推进，敢于担当，敢于啃硬骨头，敢于涉险滩。步子要稳，就是方向一定要准，行驶一定要稳，尤其是不能犯颠覆性错误。”①

唯有敢闯敢拼，敢于创新、突破困境，才能作出成绩。敢闯敢拼的关键在于敢于并善于抓住机遇，如上述故事中的A一样，能够在困难中发现机会，在不确定中寻找可能，解放思想，大胆向前。

2010年1月，云南省委、省政府启动独龙江乡整乡推进·独龙族整族帮扶项目，计划用3年到5年时间，总投资约10亿元，实施“安居温饱、基础设施、产业发展、社会事业发展、素质提高工程、生态环境保护与建设工程”六大工程。

高德荣深知，这是难得的历史机遇，独龙族人和独龙江乡彻底改变贫穷落后面貌的机会终于来了，必须抓住这个机会，带领群众彻底改善独龙江的基础设施、发展可持续的富民产业、从根本上改变独龙族群众的思想观念，一个民族的长远发展和进步最终还是要靠广大群众自我发展能力的不断提升。

这一次，他把“办公室”设在独龙江的决心更加坚定了。“上级照顾我们，其他兄弟民族支援我们，是因为我们落后，戴着落后的帽子一点都不光彩，太难看了。不要总想伸手要，要多想想如何放手干。”面

① 《习近平接受俄罗斯电视台专访》，《人民日报》2014年2月9日。

对这样大好的发展机遇，高德荣对乡村干部和独龙族群众谆谆教诲。

……

如今，独龙江畔草果飘香，“蜜”香四溢；国家免费建盖的一幢幢别墅式的农家小院拔地而起，宽敞平整的柏油路通向独龙族各村寨；新修建的从县城通往独龙江乡的公路正在进行隧道项目的工程攻坚，争取今年底或明年初通车，彻底结束独龙江乡半年大雪封山的历史；独龙族群众和山外的城里人一样享受起互联网、移动电话、数字电视等现代科技带来的便利和多彩……

（摘编自党建网 2013 年 9 月 10 日）

机会很多时候是跟困难、危险挂钩的，越大的困难往往蕴含着越大的机遇。在大机遇面前，如果一个人不敢亮剑，不敢担当，不敢作为，就会跟机会失之交臂，跟成功形同陌路。古往今来，许多成就大业的人，首先都源自他们的敢第一个吃螃蟹、敢啃硬骨头。

“生活从不眷顾因循守旧、满足现状者，而将更多机遇留给勇于和善于改革创新的人们。”① 党员干部要想干出一番事业，必须具备识别机遇的能力和抓住机遇的勇气，不怕事，敢做事，能扛事，迎难而上。艰难困苦，玉汝于成。正所谓：事虽难，做则成；路虽远，行必至。

① 习近平：《谋求持久发展 共筑亚太梦想——在亚太经合组织工商领导人峰会开幕式上的演讲》，《人民日报》2014 年 11 月 10 日。

敢于亮剑，对腐败分子说“不”

领导干部特别是高级干部必须加强自律、慎独慎微，经常对照党章检查自己的言行，加强党性修养，陶冶道德情操，永葆共产党人政治本色。对领导干部特别是高级干部来说，加强自律关键是在私底下、无人时、细微处能否做到慎独慎微，始终心存敬畏、手握戒尺，增强政治定力、纪律定力、道德定力、抵腐定力，始终不放纵、不越轨、不逾矩。

——2017 年 2 月 13 日，习近平在省部级主要领导干部学习贯彻十八届六中全会精神专题研讨班开班式上指出

要增强斗争精神，强化政治担当，敢于亮剑、善于斗争，发现违反政治纪律、危害政治安全的行为坚决抵制，做勇于斗争的“战士”，不做爱惜羽毛的“绅士”，严防对挑战政治底线的错误言论和不良风气听之任之、逃避责任、失职失察。

——《中共中央关于加强党的政治建设的意见》

李克强总理在斥责某些不作为官员时多次用“尸位素餐”这一成语。“尸位素餐”之意：空占着位置不干事，通俗点说就是“吃白饭”。关于“尸位素餐”一词的由来，有一个关于正直和胆量的典故：

汉成帝时有个大臣叫朱云，朱云为人耿直、大胆，经常在大殿上痛斥朝政积弊。汉成帝刚登基时重用其老师张禹，张禹不是个好官，只想

着依仗权势为自己谋利。朱云担心张禹这样的权臣会影响社稷，一天，他当着满朝公卿大臣的面直言向汉成帝谏言："今朝廷大臣，上不能匡主，下亡以益民，皆尸位素餐。臣愿赐尚方斩马剑，断佞臣一人以厉其余。"

汉成帝问朱云要斩谁，朱云回答张禹。汉成帝怒斥朱云：你一个小官居然胆敢在朝廷上侮辱我老师，真是"罪死不赦"。说罢让一旁的御史拿下朱云。朱云抱住通往皇帝座位的阶梯边上小栏杆，大呼道："臣得下从龙逄、比干游于地下，足矣！未知圣朝何如耳?"意思是，我在九泉之下能跟龙逄、比干这样的忠臣交往，死也不足惜，就是不知道我们大汉王朝以后将会怎样啊！挣扎中，他把栏杆都弄断了。

所幸的是，左将军辛庆忌拼命替朱云求情，最终劝说汉成帝收回杀令。后来，当宫廷总管要来更换被朱云拽断的栏杆时，汉成帝说不必更换，留着它鼓励那些直言敢谏的臣子。

中国历史上正直、敢言、勇为的人不少，不过，像朱云这样——请皇帝惩杀自己老师的人，确实不多。他的这种胆识，体现了传统的儒家风骨和士大夫精神，值得我们学习。

党风廉政建设和反腐败斗争是党常抓不懈的重中之重。党的十九大以来，仍有一些党员干部不收手，违纪违法，逍遥法外，隐身不露。其中有一个重要原因，是部分纪委监察干部政治责任感缺乏，反对腐败、查处腐败不坚决、不果断、不彻底，遇到困难就退缩，不是怕"招惹"上级就是怕"得罪"下级，该抓的不抓或者抓得不严。概而言之，不敢反腐的表现有三种：一是"老好人"，发现问题不报告、不处置；二是"怕事官"，不敢得罪腐败分子；三是"多虑官"，认为反腐太狠会带来副作用，影响社会稳定。

不敢反腐的种种理由归结起来就是一点：缺乏责任意识，不敢担当，不敢做事。习近平总书记在提到党员干部要有担当精神时指出，政治合格的干部必须"面对大是大非敢于亮剑""面对歪风邪气敢于坚决斗争"。

党员干部如何才能敢于“亮剑”，不怕“得罪”腐败分子呢？

第一，要有担责意识。2019 年 3 月 17 日《中国纪检监察报》报道：2018 年，全国各级纪检监察机关共立案审查调查违反政治纪律问题 2.7 万件，处分 2.5 万人。从党的十九大闭幕到 2018 年底，中央纪委国家监委立案审查调查鲁炜、冯新柱、李贻煌等中管干部 77 人。

党中央能够在反腐方面取得如此大的成绩，根本上在于强烈的担责意识。在个别干部看来，“得罪”腐败分子似乎需要很大的胆量。然而事实是，只要具备强烈的责任心，忠实践行党的宗旨使命，认准人民的期待，党员干部便能做好该做的事。各级纪检监察机关和广大纪检监察干部要紧紧围绕党和国家工作大局，紧扣党中央重大决策部署，督促各级领导干部改进作风、担当作为、狠抓落实，推动党中央大政方针落地见效。

第二，要保持正义感。曾国藩《治心经》中有这样一句话“以苟活为羞，以避事为耻”，说的是为官从政，“避事”“躲事”是最大耻辱。为什么不敢做事也是一种耻辱呢？因为，这是缺乏正义感的表现。缺乏正义之心，一个人便失去了做人的根基，不管他当不当官，都有愧于“人”之称谓。党员干部的正义感，就是讲政治，牢固树立“四个意识”，坚定“四个自信”，做到“两个维护”。

讲政治的党员干部，面对腐败分子和腐化行为时，内心会激发出更强大的正义感和力量。

有案必查，查就查个水落石出，办就办个铁钉钉木。王瑛同志看似娇小柔弱，却一身正气，从不畏惧任何邪恶。

2003 年 5 月，一封举报“南江县公安局城东派出所干警何某，在办案中玩忽职守致人死亡却逍遥法外”的信访件从市纪委转到了王瑛手中。王瑛赓即召集县纪委、监察局一班人认真分析案情，迅速展开调查。当案件查办到关键时刻，各种阻力接踵而至，有人甚至扬言：“敢查这个案子，你几爷子（四川方言，意思为“你们这几个人”。——作者注）是不想活了。”王瑛同志没有退缩，更没有被吓倒。她鼓励办案人员："自古邪不压正，只要我们坚持一查到底，真相终将大白于天下。"

……

两个多月时间，王瑛同志既当指挥员，又当战斗员，果断查结了这起重大案件，10名违纪违法人员受到应有的法律制裁和党政纪处分。

（摘编自《三口风采》2009年第4期）

第三，要会"算账"。习近平总书记曾明确要求："决不允许出现底下问题成串、为官麻木不仁的现象！不能事不关己、高高挂起，更不能明哲保身。自己做了好人，但把党和人民事业放到什么位置上了？如果一个地方腐败问题严重，有关责任人装糊涂、当好人，那就不是党和人民需要的好人！你在消极腐败现象面前当好人，在党和人民面前就当不成好人，二者不可兼得。"①

不得罪腐败分子，就要得罪13亿多人民。这是一笔再明白不过的政治账，这是一个关系人心向背的政治立场问题。

党员干部该"亮剑"时不敢"亮剑"，怕事躲事，后果往往更严重。在"得罪腐败分子"和"得罪13亿多人民"的天平上，每一个党员干部必须作出明智选择。所以，党员干部要学会"算账"：敢于亮剑、不怕"得罪人"，与腐败分子划清界限，是对人民、党和国家高度负责的表现，这样的党员干部才是群众热爱的、党信赖的。反之，那些抱着"只要不出事，宁愿不做事"的心态，不敢担当，缺乏作为，肩上扛不起担子，脑子想不出法子，关键时刻又顶不上去，政绩平庸的党员干部，在位不为，有位无为，必定被淘汰。

① 中共中央纪律检查委员会、中共中央文献研究室编：《习近平关于党风廉政建设和反腐败斗争论述摘编》，中国方正出版社、中央文献出版社2015年版，第62页。

能干篇

第五章

能 干 事

◇ 增强八种执政本领和七种能力，克服本领不足、本领恐慌、本领落后

◇ 提升“四大领导力”，强化党对一切工作的领导

◇ 创新能力是工作的生命力

◇ 多“墩墩苗”，加强党同人民群众的血肉联系

增强八种执政本领和七种能力，克服本领不足、本领恐慌、本领落后

全面增强执政本领。领导十三亿多人的社会主义大国，我们党既要政治过硬，也要本领高强。

——2017 年 10 月 18 日，习近平在中国共产党第十九次全国代表大会上的报告

着力增强干部适应新时代发展要求的本领能力。按照建设高素质专业化干部队伍要求，强化能力培训和实践锻炼，提高专业思维和专业素养，涵养干部担当作为的底气和勇气。加强专业知识、专业能力培训，促使广大干部全面提高学习本领、政治领导本领、改革创新本领、科学发展本领、依法执政本领、群众工作本领、狠抓落实本领、驾驭风险本领。

——《关于进一步激励广大干部新时代新担当新作为的意见》

孔子曰："不患无位，患所以立。"意思是不要担心没有位置，而要自省有没有与位置相匹配的能力。如果有能力，领导自然会看到你。如果有位置却没有能力，领导同样会"注意"到你。

汉孝文帝时设两个丞相，第一丞相即右丞相为周勃，左丞相为陈

平。一日，孝文帝问周勃："全国一年判案多少件？"周勃回答不清楚。孝文帝又问："全国一年支出多少钱粮，收入又是多少？"周勃也不清楚，吓出一身冷汗，赶紧向皇帝谢罪。孝文帝于是改问陈平同样的问题。陈平回答说："各有主管之人，要想了解判案件数可询问廷尉，要想了解钱粮收入和支出可询问治粟内史。""说得好，那请问您主管什么呢？"陈平说："身为宰相，以辅佐皇上为重，此外，对外要镇抚四夷诸侯，对内要亲附百姓，使卿大夫各司其职。"孝文帝称赞陈平回答得好。

周勃知道自己能力不如陈平，非常惭愧，于是主动请辞。

周勃主动请辞的故事说明：一个人有了位置却缺乏与位置相匹配的能力，那么他的位置是经不起考验的，难以坐稳。职位并非前途的保障，能力才是。

很多党员干部有强烈的做事愿望和热情，但往往力有不逮，或者事倍功半，或者半途而废，目标和结果差距太大，只能慨叹"心有余而力不足"。这里的"力"，既指体力、智力，也指综合能力和素养。本领不够、能力不足，常常达不到上级要求和群众期望，自己也会充满挫败感和沮丧感。有些党员干部，并不缺乏干事创业的冲劲和激情，不是不想干事，也不是不想干出政绩，而是能力不够，限制了自己的想象。受限于能力，有的人只能放低对自身的要求，表现在工作上，就是消极应对，缺乏进取心，遇到问题时采取不敢面对问题逃避现实的鸵鸟心态。

在新时代，要担当起新使命、新任务，不仅靠想干事就能成功，还需要能干事、干成事、不出事的本领。

第一，本领不足，不会干、干不对，就难以干成事。当前，一些党员干部存在能力欠缺的问题，用习近平的话来说就是"本领恐慌"，"过去学的本领只有一点点，今天用一些，明天用一些，渐渐告罄了"，"新办法不会用，老办法不管用，硬办法不敢用，软办法不顶用"。[①]

① 《习近平谈治国理政》，外文出版社2014年版，第402、403页。

党员干部“本领恐慌”的具体表现是：在工作中“不懂规律、不懂门道、缺乏知识、缺乏本领”，在解决问题的时候总是用老一套方法，结果问题没解决、事情没干成，甚至“搞出一些南辕北辙的事情来”。

2014 年 10 月，深圳市龙岗区住建局责令厂房存在 30 多个安全隐患的深圳群达精密模具有限公司停产。没想到，群达公司无视住建局的这些文件和命令。龙岗区住建局便将该公司告上了法院，申请法院对群达公司给予制裁。然而，龙岗区法院却对住建局的申请“不予受理”。原来，龙岗区住建局在申请法院援助时，没有严格遵照有关执法程序向法院出具行政决定书，而其出具的《责令停工整改通知书》也不规范。龙岗区法院故此认为龙岗区住建局的申请无效。

法治社会的重要特征之一是程序正义。程序正义被视为“看得见的正义”，如果程序违法，再公平和正义的行政决定和法律判决也会失去公信力。未来社会，老百姓对程序正义的认识将更加深入，作为党政机关及其干部、职工，更应加强法治意识和法治思维，提升依法行政能力，避免各种“民告官”的尴尬和诉累。

面对新时代各种层出不穷的新挑战，党员干部如果不能及时增强本领，做好本职工作，干事业的热情逐渐减弱，到最后，不仅缺乏工作能力，就连原本具备的积极干事心态也会消磨殆尽。而这关系到党和国家事业的发展。党员干部要想干事、干成事，必须克服本领不足、“本领恐慌”、本领落后的问题，才能适应新时代的发展要求。

第二，打破“本领恐慌”。《宋史·赵普传》记载，赵普“晚年手不释卷，每归私第，阖户启箧取书，读之竟日”。赵普年轻时好学，老而弥坚，不忘时刻充实自己，其治国能力日渐老练成熟，终成一代名相。

打破“本领恐慌”的关键在于加强学习。学习是党员干部必须具备的基础能力。

党员干部要在以下四个方面加强学习和提升：一要深入学习、全面领会习近平新时代中国特色社会主义思想。党员干部唯有持续学习，在工作中才能把握好方向和全局，采取正确行动。二要认真学习、准确领会党的路线方针政策和重大战略决策部署。党的路线方针政策和重大战略决策部署是党员干部的工作指针、行动指南，必须认真学习、不折不扣执行。三要学习做好本职工作所要求的专业知识。提高专业水平的方法只有一个，就是加强专业知识的学习，掌握专业技能。在科技快速迭代、瞬息万变的万物互联、智能化时代，党员干部需要站在时代前沿，与时代同步，与未来同行，不断迭代新知识、提高能力，才能勇立潮头，不被时代淘汰。四要读一些“看似无用的书”，涉猎一些自身专业以外的知识，学习一些古今中外经济、政治、历史、文化、社会、科技、军事、外交等方面的知识。

学习是为了用到实处。新时代党员干部，必须把各种学习贯通起来，全面增强八大执政本领。党的十九报告和中央办公厅印发的《关于进一步激励广大干部新时代新担当新作为的意见》都明确地提出了当前党员干部必须具备并不断增强的这八种执政本领：“着力增强干部适应新时代发展要求的本领能力。按照建设高素质专业化干部队伍要求，强化能力培训和实践锻炼，提高专业思维和专业素养，涵养干部担当作为的底气和勇气。加强专业知识、专业能力培训，促使广大干部全面提高学习本领、政治领导本领、改革创新本领、科学发展本领、依法执政本领、群众工作本领、狠抓落实本领、驾驭风险本领。”

2020 年 10 月 10 日，在中央党校（国家行政学院）中青年干部培训班开班式上，习近平总书记发表重要讲话，针对广大年轻干部的成长和成功，提出干部特别是年轻干部面对当前复杂形势和艰巨任务，必须提高政治能力、调查研究能力、科学决策能力、改革攻坚能力、应急处突能力、群众工作能力、抓落实能力等七种能力，唯有如此，才能勇于直面问题，不断解决问题、破解难题。

当今世界，知识迭代日益加速，各种新事物、新知识、新工具、新问题、新挑战层出不穷，可以说世界每天都有新情况发生。在这个大环境下，党员干部应把学习当成一辈子的事，终身学习、终身成长。学习重在学会、学深、学透，切忌浅尝辄止、一知半解、遇难就退。唯有不断学习，提高能力，党员干部才会有干事的资本和热情，干成事的把握也才会更大。

提升“四大领导力”，强化党对一切工作的领导

历史和现实都告诉我们，只要毫不动摇坚持和加强党的全面领导，不断增强党的政治领导力、思想引领力、群众组织力、社会号召力，永远保持党同人民群众的血肉联系，我们就一定能够形成强大合力，从容应对各种复杂局面和风险挑战。

——2020年9月8日，习近平在全国抗击新冠肺炎疫情表彰大会上的讲话

全党要更加自觉地坚定党性原则，勇于直面问题，敢于刮骨疗毒，消除一切损害党的先进性和纯洁性的因素，清除一切侵蚀党的健康肌体的病毒，不断增强党的政治领导力、思想引领力、群众组织力、社会号召力，确保我们党永葆旺盛生命力和强大战斗力。

——2017年10月18日，习近平在中国共产党第十九次全国代表大会上的报告

古时候，人们以“七品芝麻官”来喻指县令的官微权轻，有贬损之意。其实，当好一县之长何尝容易。我曾担任过县委书记，每与同行谈起，大家总有一致的感慨：官不大而责任不小。

如果把国家喻为一张网，全国三千多个县就像这张网上的纽结。

"纽结"松动，国家政局就会发生动荡；"纽结"牢靠，国家政局就稳定。国家的政令、法令无不通过县得到具体贯彻落实。因此，从整体与局部的关系看，县一级工作好坏，关系国家的兴衰安危。

以上是习近平所著《摆脱贫困》中的一段话，这段话向大家揭示了一个道理：所有为人民服务的干部——不仅是县长，镇长、乡长乃至最基层党员，都可以说是"官不大而责任不小"，其工作都关系到群众的幸福安康、国家的兴衰安危。换言之，无论职位高低，党员干部都要提高自己的领导力，唯有如此，才能更加聚焦人民群众普遍关心关注的民生问题，采取更有针对性的措施，一件一件抓落实，一年接着一年干，让人民群众获得感、幸福感、安全感更加充实、更有保障、更可持续。

领导力是每一位党员干部都必须具备的基本能力之一，各级领导干部尤其需要修炼这一能力。美国领导力大师约翰·麦克斯维尔曾用"盖子法则"阐述领导力对于领导者的决定性作用：

锅里的水总是漫不过盖子。领导力就像一个盖子，它决定了一个人的办事成效水平。

一个人的领导力越低，限制其潜力发挥的盖子所处位置也就越低，也就是说他的潜力越小；相反，一个人的领导力越高，盖子所处的位置也就越高，也就是说他的潜力越大。

举例来说，如果你的领导力分值是8，那你的办事成效永远不可能大于7；如果你的领导力分值仅为4，那你的办事效力顶多为3。不管怎样，你的领导力往往决定了你的办事成效以及你所在的组织的潜在影响力。

"盖子法则"不但适用于个人，同样适用于组织：一个组织的组织领导力，决定其成效水平和影响力。

党的十九大提出了各级党组织要深刻把握时代特征，把控国家发展大局，切实增强“四大领导力”，即政治领导力、思想引领力、群众组织力、社会号召力。这“四大领导力”是党永葆旺盛生命力和强大战斗力的根本保障。《关于进一步激励广大干部新时代新担当新作为的意见》再一次强调了这一命题的新时代重要价值：“各级党组织要深刻把握新时代新使命新征程，切实增强政治领导力、思想引领力、群众组织力、社会号召力。”

政治领导力是党的十九大提出的一个新概念。政治领导是党的领导的重要内容，政治领导力在党的领导能力和执政能力中居于重要位置。政治领导力具有“引擎”作用，只有抓好政治领导力，才能够达到纲举目张、以简驭繁的效果。增强政治领导力，有助于从根本上解决党内存在的思想不纯、组织不纯、作风不纯等突出问题，推动全面从严治党向纵深发展。

每一级党组织及其领导干部只有日益增强政治领导力，才能不断提升思想引领力、群众组织力、社会号召力。“四大领导力”是党的旺盛生命力和强大战斗力所在，是加强党对一切工作的领导的具体体现，它将使我们在日益严峻复杂的执政考验、改革开放考验、市场经济考验、外部环境考验中，有效化解和克服精神懈怠危险、能力不足危险、脱离群众危险、消极腐败危险，凝聚形成强大改革发展合力。

要想成为一名优秀的领导者，需要从以下三个方面下功夫。

第一，树立领导者意识。领导力专家詹姆斯·库泽斯和巴里·波斯纳曾作过一项研究，研究对象是一群“普通人”，研究的内容是“这些人在他们人生中也做过一两件算是成功的事情，那么，他们成功的关键在哪儿”，研究的结果是两位大师提出的领导力的第一项核心理念：领导是每个人的事，人人都是领导者。

每个人都可以成为领导者，这意味着不管身居何处、官居何位，都应当具有领导者的意识。

需要强调的是，领导力不等于管理能力，也不等同于个人魅力，领导力包括学习力、决策力、组织力、教导力、执行力、引领力和自我领导力等七方面的能力。领导者首先是自己的领导，领导力首先是带领自己的能力。做好自己的领导，才能领导他人，自我领导是领导力的基石。

第二，加强品格修养。2014 年 5 月 4 日，习近平总书记在北京大学师生座谈会上的讲话中指出，核心价值观，其实就是一种德，既是个人的德，也是一种大德，就是国家的德、社会的德。国无德不兴，人无德不立。2018 年 3 月 10 日，习近平总书记参加十三届全国人大一次会议重庆代表团审议时，又从为官从政角度阐述了领导者的品格和道德，即领导干部要讲政德。政德是整个社会道德建设的风向标。立政德，就要明大德、守公德、严私德，坚持从小事小节上加强修养，从一点一滴中完善自己。

政德是衡量一个领导干部的核心标准。优秀的领导干部首先必须德行优秀，德行不好，思考问题的立场和行为的方向就会出偏差。古人说“德不配位，必有灾殃”。没有德行，无法立身，又何谈领导他人。一个人有德行，才会产生巨大的人格魅力，感召更多的人相信他、追随他。

第三，以身作则。“领导”意味着榜样、标杆，必须以身作则，以上率下，身正才能影直。2013 年 7 月 12 日，习近平总书记在河北省民政厅座谈时谈道，领导干部发挥带头作用是具体的而不是抽象的，是全面的而不是有选择的，要让群众看到自己敢于正视并解决问题的决心，看到自己拜群众为师、向群众求教的襟怀，看到自己以身作则、发挥示范带头作用的行动。没有以身作则的带头作用，一个人即便身居领导职位，也不是真正的领导者。《关于进一步激励广大干部新时代新担当新作为的意见》专门作了要求：“各级领导干部要切实发挥示范表率作用，带头履职尽责，带头担当作为，带头承担责任，一级带着一级干，一级做给一级看，以担当带动担当，以作为促进作为。”领导干部不仅自己带头，当“火车头”、急先锋，还要带好队伍，以头雁形成“雁阵效应”。唯有干部成为一面冲在前列的旗帜，发挥强大的领导作用，才能凝聚创新创业的强大合力。

创新能力是工作的生命力

要把干事热情和科学精神结合起来，使出台的各项改革举措符合客观规律、符合工作需要、符合群众利益。改革攻坚要有正确方法，坚持创新思维，跟着问题走、奔着问题去，准确识变、科学应变、主动求变，在把握规律的基础上实现变革创新。

——2020年10月10日，习近平在中央党校（国家行政学院）中青年干部培训班开班式上发表重要讲话指出

要坚持发展是第一要务、人才是第一资源、创新是第一动力，率先推动质量变革、效率变革、动力变革，努力实现更高质量、更有效率、更加公平、更可持续、更为安全的发展。

——2020年10月14日，习近平在深圳经济特区建立40周年庆祝大会上的讲话

综合国力竞争说到底是创新的竞争。要深入实施创新驱动发展战略，推动科技创新、产业创新、企业创新、市场创新、产品创新、业态创新、管理创新等，加快形成以创新为主要引领和支撑的经济体系和发展模式。

——2015年5月27日，习近平在华东七省市党委主要负责同志座谈会上的讲话

创新力就是生命力。敢于创新、会创新，特别是遇到困局时能创新、善突破，才能育新机、开新局，更好地把控未来。

习近平总书记曾多次指出创新力的重要性。他说，创新是一个民族进步的灵魂，是一个国家兴旺发达的不竭动力，也是中华民族最深沉的民族禀赋。“在新一轮全球增长面前，惟改革者进，惟创新者强，惟改革创新者胜。我们要拿出敢为天下先的勇气，锐意改革，激励创新，积极探索适合自身发展需要的新道路新模式，不断寻求新增长点和驱动力”。①

创新有四个层次：一是产品、服务的发明和创新；二是管理制度和社会治理的创新；三是观念、思维的创新；四是心智资源的创新，党员干部要重塑心智，培塑健康的心智资源。

本节主要介绍前两种创新。先看服务和产品的创新。以故宫文创为例，《新快报》2019 年 4 月 1 日报道：

故宫博物院院长单霁翔透露，2017 年故宫文创销售收入达到 15 亿元，超过 1500 家 A 股上市公司的收入。

故宫文创产品以社会公众的需求为导向，高度结合人们的生活，具备良好的实用性。“比如人们参观故宫，对藻井印象很深，我们就做了藻井伞；人们参观故宫对宫门印象很深，我们就做了宫门包；人们参观故宫，对太和殿的脊兽印象很深，我们就做了跳棋、衣服夹子。”单霁翔表示。此外，故宫猫系列、神兽系列也相继推出文件夹、冰箱贴、手机壳等实用周边产品。

除了产品的实用性，故宫文创的营销推广——数字化模式也颇有借鉴意义。为了和年轻人拉近距离，吸引年轻群体对传统文化的关注，自 2013 年起，故宫文创不断推出“皇帝的一天”“胤禛美人图”“故宫社区”“每日故宫”等 App。其中，“每日故宫”App 中的“每日故宫月

① 习近平：《谋求持久发展 共筑亚太梦想——在亚太经合组织工商领导人峰会开幕式上的演讲（2014 年 11 月 9 日）》，《人民日报》2014 年 11 月 10 日。

历”众筹项目于2018年12月18日上线后成绩斐然，仅上线72小时，就达成了众筹目标12.9万元；短短10天，该项目众筹数已达约41万元。

跨界寻求“伙伴”帮助也是故宫文创的网红进阶攻略之一。《新快报》记者梳理发现，从2016年到2018年，故宫文创至少与阿里巴巴、腾讯、佰草集、美图、kindle、瑞幸咖啡等15个品牌展开过合作。

当然，故宫文创在视频类节目上的营销手段也极为出彩。从2016年的纪录片《我在故宫修文物》的热播到2018年《上新了·故宫》《国家宝藏2》综艺的热映都为故宫博物院的大众化之路埋下伏笔。而新尝试者——《上新了·故宫》则将故宫文创关键词引向发展新纪元。据悉，该档节目播出第一期后，第一批5000件产品在1小时内被抢购一空；“故宫YOUNG起来畅心睡衣”预售众筹项目在几天内筹款超过280万元。截至2018年12月18日，该栏目同款文创产品众筹金额超千万元。

再看管理制度和社会治理的创新。《人民日报》2018年12月10日报道：

2018年11月中旬，中央全面深化改革委员会第五次会议审议通过了《“街乡吹哨、部门报到”——北京市推进党建引领基层治理体制机制创新的探索》，认为北京市委以“街乡吹哨、部门报到”改革为抓手，积极探索党建引领基层治理体制机制创新，聚焦办好群众家门口事，打通抓落实“最后一公里”，形成行之有效的做法。

“街乡吹哨、部门报到”机制，源自平谷区金海湖镇一次重大金矿盗采案件，造成严重安全事故的“倒逼”式整改。这种下级“吹哨”、上级各部门30分钟内应急“报到”的联合执法新机制，使14年屡禁不止的黄金盗采终于销声匿迹。

对于该事件，金海湖镇党委书记韩小波坦言，作为乡镇党委、政府，面对基层治理中的失管、失控及诸多的底线问题，也想管，也一直在管，“我们也搞过联合执法，但是由于职责不清，造成联而不合，真正是‘看得见的管不了，管得了的看不见’‘叫腰腿不来，叫腿腰不来’”。

如何对症下药，根治病症？平谷区委、区政府痛定思痛，深入摸病根儿：乡镇一线最容易发现盗挖盗采情况，却没有执法权；执法部门虽有执法权，但难以及时深入一线发现和解决问题。更关键的是，街乡、委办局等部门条块分割，管理分散，执法既有空当，也有断层。2017年，平谷区果断决定，打破条条框框，将执法主导权下放到乡镇。在金海湖镇成立了“双安双打”临时党支部和指挥部，由韩小波担任党支部书记和总指挥，16个区级职能部门一把手任指挥部成员和支部委员。

“区里赋予了乡镇领导权、指挥权和考核权。”韩小波介绍，乡镇一旦发现问题，发出召集信号，各相关部门执法人员必须在30分钟内赶到现场，根据职责拿出具体执法措施，“事不完，人不走”。“乡镇吹哨、部门报到”，困扰金海湖多年的盗挖盗采问题迎刃而解。

经过进一步调查研究，2017年9月，北京市委常委会决定，将平谷区的经验做法总结提升为“街乡吹哨、部门报到”，并作为2018年全市“1号改革课题”，向16个区选点推广。

2019年1月，十二届北京市委深改领导小组第六次会议审议通过《关于党建引领街乡管理体制机制创新实现“街乡吹哨、部门报到”的实施方案》，明确了加强党对街乡工作的领导、推进街道管理体制改革、完善基层考核评价制度、推行“街巷长”机制等14项重要举措。破解基层治理难题，北京找到了抓手。

历经两年的新型城市治理模式创新和机构组织架构改革，促进了党建引领“两全治理”基层社会治理格局的逐步构建并完善，为北京市的现代化城市治理水平奠定了坚实的基础。2020年7月20日零时起，北京市新冠肺炎疫情应急响应级别由二级调至三级，近40天的北京战“疫”，在两个潜伏期内实现了确诊病例零增长，标志着北京战役初战告捷。作为超过2100万人口的特大型中心城市，能够不封城、不停摆，实现科学、精准、高效防控，可以说，党建引领基层治理体制机制创新功不可没。

无论是产品和服务的创新，还是管理制度和社会治理的创新，都需要观念和思维的创新。很难想象，抱着20年前的旧思维、老套路，能创造出当今移动互联网和智能化社会的繁荣。只有观念先行、思维超前，快人一步，才可能突破局限，实现产品的创新、服务的创新、管理制度的创新、社会治理的创新。

正如习近平总书记所说，今天，世界再次来到这样一个重要历史节点。潮流来了，跟不上就会落后，就会被淘汰。我们能够做的和应该做的就是要抢抓机遇，加大创新投入，着力培育新的经济增长点，实现新旧动能转换。“生活从不眷顾因循守旧、满足现状者，而将更多机遇留给勇于和善于改革创新的人们。”① 当今时代，社会发展越来越快，复杂的时代环境也要求各级党员干部必须提高思考问题的能力和解决问题的能力，在追求创新、学习创新中不断突破，不断超越。

① 习近平：《谋求持久发展 共筑亚太梦想——在亚太经合组织工商领导人峰会开幕式上的演讲（2014年11月9日）》，《人民日报》2014年11月10日。

多“墩墩苗”，加强党同人民群众的血肉联系

干部多“墩墩苗”没有什么坏处，把基础搞扎实了，后面的路才能走得更稳更远。

——2013 年 6 月 28 日，习近平在全国组织工作会议上的讲话

今天，衡量一名共产党员、一名领导干部是否具有共产主义远大理想，是有客观标准的，那就要看他能否坚持全心全意为人民服务的根本宗旨，能否吃苦在前、享受在后，能否勤奋工作、廉洁奉公，能否为理想而奋不顾身去拼搏、去奋斗、去献出自己的全部精力乃至生命。

——2013 年 1 月 5 日，习近平在新进中央委员会的委员、候补委员学习贯彻党的十八大精神研讨班上的讲话

某机关干部主动申请下基层挂职，同志们以为他是想到一线磨炼自己，不料刚过半年，该干部就三番四次找领导，要求调回原单位。原来，其履历中只有一年半的基层工作经历，而根据当地干部任用规定，提拔副处级领导干部，必须具备两年以上的基层工作经历。至此，人们方才恍然大悟：该干部真有“战略眼光”，很能“深谋远虑”，早已经设计好了“升迁路线图”，其主动请缨挂职锻炼只是为了“补经历”，为升迁副处级做准备。

习近平总书记号召广大党员干部多“墩墩苗”，党中央不断优化干部成长路径，注重在基层一线和艰困地区培养锻炼年轻干部，让这些干部在实践中砥砺品质、增长才干，为新时代建设储备干部。

“宰相必起于州部，猛将必发于卒伍。”人生有多少磨难和历练，就有多少成长和精彩。但凡优秀人才，尤其优秀的领导人才，都是从基层成长起来的，经过一定的历练和考验的。

开创“贞观之治”的唐太宗李世民，少年从军，16 岁时便随军营救过被突厥人围困的隋炀帝，后来随父四方征战，在冷水中行过军，在四面受围的险境中经受过生死考验。在登上帝位之前，他曾任尚书令（宰相），被封为秦王后又先后率部平定了薛仁杲、刘武周、窦建德、王世充等军阀。

不经风雨，难现彩虹；不经锤炼，难成重器，没有人能够随随便便成功。古今中外，无论政界、商界还是学界，能有所成就之人都曾经受诸多考验，特别是离不开基层历练。人民网 2014 年 11 月 30 日曾刊文《习近平自述：七年上山下乡对我锻炼很大》，其中有这样一件事：

1973 年冬天，习近平任梁家河大队党支部书记。他带领社员到寨子渠打坝，当时天寒地冻，打坝的河渠里冰块很厚，不处理掉，坝基不稳，春天一融化，坝就塌了，会劳民伤财。工地上，习近平做了下渠挖冰块的动员，可是寒冷刺骨，社员们没有行动。习近平二话不说，第一个跳进冰水里往外搬冰块。干了一阵，群众感动了，纷纷脱掉棉袄、棉裤下水干了起来。

习近平带领社员们日夜奋战，给村里打了十几个土坝，治理了好几条烂沟。

习近平总书记谈及这一段经历时说：“上山下乡的经历对我的影响是相当深的，使我形成了脚踏实地，自强不息的品格。”他还改编了郑板桥《竹石》一诗自勉："深入基层不放松，立根原在群众中；千磨万击还坚劲，管尔东西南北风。"

正是认识到基层锻炼的重要性，2013年6月28日，习近平总书记在全国组织工作会议上指出：年轻干部多"墩墩苗"没有什么坏处，把基础搞扎实了，后面的路才能走得更稳更远。加强和改进年轻干部工作，要下大气力抓好培养工作。对那些看得准、有潜力、有发展前途的年轻干部，要敢于给他们压担子，有计划安排他们去经受锻炼。

如果仅仅把"墩苗"理解为跑基层，则"墩苗"的意义不大。真正的"墩苗"，要墩下去、墩得住，墩出"苗"，需在"三度"上下功夫。

第一，广度。广度是指党员干部要多跑，多了解民情，提高从多层次多角度多方面看待问题、思考问题和解决问题的能力。墩苗目的性要明晰，干部下基层要讲究务实。因此，在"墩苗"过程中，必须多走走、多看看、多问问、多想想，切实解决群众的难题，为群众办实事、办成事。

提高"墩苗"的广度，要做到习近平所说的"当县委书记一定要跑遍所有的村，当市委书记一定要跑遍所有的乡镇，当省委书记一定要跑遍所有的县市区"①。经济观察网曾刊登一篇题为《浙沪六年》的文章，文中写：

2005年，习近平全年有117天在外调研，做了30次大的调研，足迹遍及浙江全省各市。2006年8月16日，习近平率领的浙江省党政干部接访团，在衢州市衢江区工贸职校接访。当时，此地共设立了土地拆迁、劳动和社会保障、基层组织建设及反腐败、涉法涉诉等15个来访接待室。一个上午的时间里，便接待了167批次315人次来访群众，当场解决76个问题。

---

① 中共中央文献研究室编：《习近平关于全面从严治党论述摘编》，中央文献出版社2017年版，第165页。

第二，温度。温度是指干部要切实走群众路线，培养对人民群众的深厚感情。清康熙年间河南某县衙门口贴有一副对联：“得一官不荣，失一官不辱，勿道一官无用，地方全靠一官；穿百姓之衣，吃百姓之饭，莫以百姓可欺，自己也是百姓。”2013 年 11 月 26 日，习近平在山东菏泽召开的市县区主要负责同志座谈会上曾引用这副对联，告诫市区县委书记一定要谨记“自己也是百姓”的道理，和群众建立深厚的感情，切实做到“从群众中来，到群众中去”。

若是“墩苗”过程中不注重培养对人民群众的感情，则不算真正的“墩苗”。心里装着人民群众，想着为群众办实事，这才是真正“墩苗”的心态。

第三，长度。即要墩得久一点。“墩苗”时间短，难以学到真东西，达不到预期效果。唯有耐得住寂寞，受得了劳累，真正用心墩，用心学，才能在基层中得到真正的锻炼。“墩苗”要墩出“苗”来，不能屁股没坐热，就坐不住了。

对群众没有真情实感，“墩苗”再久，也难以墩出效果。唯有不忘本源，时时刻刻提醒自己为了谁、依靠谁、我是谁，把人民放在心中最高位置，拜人民为师，才能不断汲取人民的力量，为人民的幸福而奋斗，用实际行动，诠释对党的忠诚、对人民的热爱。

罗马不是一天建成的。孟子说：“故天将降大任于是人也，必先苦其心志，劳其筋骨，饿其体肤，空乏其身，行拂乱其所为，所以动心忍性，曾益其所不能。”凡事都有个循序渐进的过程。党员干部，尤其是年轻干部，必须经风雨、见世面，真刀真枪锤炼能力，从小事做起，把小事做细，把细事做实，把实事做到群众满意、组织放心，才能在大任到来之际有充足的知识、经验、才干、心力准备，担负起更大的责任，以过硬的素质和本领展现作为，不辱使命。

第六章

会 干 事

◇ 从“马上就办”到“最多跑一次”，不但能干，还要会干

◇ 以解决突出问题为突破口和主抓手

◇ 干工作要会“十个指头弹钢琴”

◇ 从总理的“工匠精神”到总书记的“绣花”功夫

从“马上就办”到“最多跑一次”，不但能干，还要会干

从石库门到天安门，从兴业路到复兴路，我们党近百年来所付出的一切努力、进行的一切斗争、作出的一切牺牲，都是为了人民幸福和民族复兴。正是由于始终坚守这个初心和使命，我们党才能在极端困境中发展壮大，才能在濒临绝境中突出重围，才能在困顿逆境中毅然奋起。忘记初心和使命，我们党就会改变性质、改变颜色，就会失去人民、失去未来。

——2020年1月8日，习近平在“不忘初心、牢记使命”主题教育总结大会上的讲话

把以人民为中心的发展思想体现在经济社会发展各个环节，做到老百姓关心什么、期盼什么，改革就要抓住什么、推进什么，通过改革给人民群众带来更多获得感。

——2016年4月18日，习近平主持召开中央全面深化改革领导小组第二十三次会议强调

记者2020年10月27日从机关内部“最多跑一次”改革推进会上获悉，浙江省机关内部“最多跑一次”实现率已达90%以上，网上办理按时办结率、办事对象满意率分别达96.1%和99.9%。

2019年以来，浙江省将机关内部“最多跑一次”改革作为力戒形式主义、官僚主义，打造“机关效能最强省”“营商环境最优省”的重要抓手，在梳理规范办事事项、整合优化办事流程、建设完善机关内部协同办公平台等方面精准发力、靶向攻坚，取得显著成效。

接下来，浙江省将抓好“思想认识”这一首要工程，更加注重改革的系统性、整体性、协同性，持续在业务协同、流程再造和“网上办、掌上办”等方面加码加力，增强政务服务、公共服务供给能力，推动改革系统集成、协同高效。抓好“事项梳理”这一基础工程，加快形成省市县三级统一规范的办事事项目录，尽快形成“一种情形一套标准”的办事指南体系。抓好“掌上办公”这一支撑工程，加快数字化改造，打通数字化壁垒，加快构建各级各部门互联互通、跨层级联动的协同平台，推进效能监察、“好差评”覆盖省市县三级全部“网上可办”事项。抓好“一件事”集成这一系统工程，全面树立“全周期管理”意识，围绕党政机关履职全周期，全面梳理机关内部“一件事”，构建上下联动、内外协同、运转高效的“一件事”运行体系，以流程的标准化、精细化推动机关内部运行的规范化、高效化。

（摘编自《浙江日报》2020年10月28日）

“最多跑一次”是浙江各级党委和政府直面群众到政府机关办事“跑断腿、磨破嘴，打不完的电话，盖不完的公章”这一痛点，着力推动的改革措施。“最多跑一次”聚焦行政服务中心这个群众和企业找政府办事的主要窗口和平台来展开，通过“一窗受理、集成服务”优化流程、缩短周期、简化手续。群众到政府办事，只要进行政服务中心“一个门”、到综合窗口“一个窗”就能办成，其他流程和工作全部交由政府部门的后台处理。“最多跑一次”已经成为浙江的一块金字招牌，全国很多地方都在借鉴、学习、应用这一改革理念和措施。

类似“最多跑一次”这样的改革创新出现在浙江并不奇怪，习近平主政浙江时，就以“干在实处，走在前列”的改革派、务实派作风闻名政坛，在浙江人民中享有很高的声誉。实际上，“最多跑一次”的内在逻辑和思维理念，可以追溯到曾经轰动一时、现在仍很流行的为政理念“马上就办”。

“马上就办”是习近平任福州市委书记时提出的办事作风。1991年，针对马尾区的改革发展事宜，他在一次现场办公会上强调，“马尾的事，特事特办，马上就办”，“要抓住那些急需解决而又有能力解决的事进行研究，本着‘马上就办’精神，组织实施，狠抓落实”。秉持“马上就办”的精神，施行各种简政放权政策，领导班子高效率地为民服务，使马尾区很快从一片荒泽荒滩变成一个聚集了许多跨国公司、大企业的繁荣城区。

“马上就办”既体现出做事态度、超强执行力，也体现出创新思维、创新方法。当今社会飞速发展，很多时候，一件事情开展得早还是晚、快还是慢，会收到不同的效果。机遇面前不“马上”，错失机遇更难办；“天时地利人和”皆备时不知道顺势而为，拖延行动很可能事倍功半。

从“马上就办”到“最多跑一次”，深刻展现了想干事、能干事、会干事的党员干部以人民为中心的行政理念，敢于担当、勇于作为、锐意进取的思想和作风。需要注意的是，“马上”不等于不经思考就盲干、蛮干，“跑一次”不等于忽略正常程序和流程。它们体现的是从不作为、慢作为转向勇作为、善作为，从懒政、怠政转向简政、勤政。

“马上就办”并非让广大党员干部在毫无头绪、准备的情况下就立即行动，“马上”之前要有思考、调研这个“磨刀”过程。“最多跑一次”也是如此，不能简单地理解为要结果不要程序。

当前，有的党员干部虽有干事业热情，也能够采取迅速行动，但行动前缺乏应有的思考、调研，“马上就办”“最多跑一次”变成了不切实际的蛮干、瞎干、口号式的干，表现为：急于求成，明知不可为而乱为，不遵循客观规律；不分工作主次，该紧抓的不紧抓，在不该浪费时间精力的事情上大做文章；胡乱指挥，搞官僚主义一套，在不了解情况的前提下就对某件事指手画脚。《解放军报》2014 年 4 月 29 日就针对这种盲目的“马上就办”现象提出了批评：

现在，不少领导和机关干部，已不是“两眼一睁，忙到熄灯”，而是加不完的班，熬不完的夜。忙得不亦乐乎的背后，有多少真正忙到了点子上？比如，一个接一个的会议、一份连一份的材料、一波赶一波的检查，等等。这些令人身心俱疲的事情，不少对战斗力建设并没有多大助益，弄得自己辛苦不说，往往使部队跟着遭罪。一些基层官兵感叹，不怕训练场流血流汗，就怕公差、开会、检查没完没了。

上述报道中所指的“一个接一个的会议、一份连一份的材料、一波赶一波的检查”就属于口号式的“马上就办”，如此干事的干部虽然也称得上“反应快”“行动快”，但他们干事不抓重点，没有实际成效，办了也等于没办。

以“马上就办”举例，要真正把握其精髓，落实其精神，务必谨记以下四点：第一，先想好再“马上”，用正确的方法追求最好的成效。第二，真抓实干，不能只喊口号、搞花架子。第三，不能急于求成，要有韧劲，发扬钉钉子精神，一件一件办，把大事做小、把小事做细、把细事做实、把实事做长。第四，办完后还要“回头看”，检查、反馈、改进、提升，避免成为“一次性用品”。

无论是“马上就办”，还是“最多跑一次”，都必须把施政理念落实在“以人民为中心”这个基本点上，真正践行群众需要什么我们就干什么、群众需要怎么干我们就怎么干的政治担当。在政务改革标准化、政务服务规范化、问责监督体系透明化上下功夫，完善配套措施，大力提升软硬件，把困难留给自己，把方便带给群众，才能给人民群众带来更多获得感、幸福感、安全感。

以解决突出问题为突破口和主抓手

要弘扬以爱国主义为核心的民族精神和以改革创新为核心的时代精神，继续发扬敢闯敢试、敢为人先、埋头苦干的特区精神，激励干部群众勇当新时代的“拓荒牛”。

——2020年10月14日，习近平在深圳经济特区建立40周年庆祝大会上的讲话

在改革中完善法治，突出重点，对准焦距，找准穴位，击中要害，推出一批能叫得响、立得住、群众认可的硬招实招。

——2015年2月27日，习近平在中央全面深化改革领导小组第十次会议上的讲话

在2015年春节过后召开的中央全面深化改革领导小组第十次会议上，习近平总书记给广大党员干部划了改革的三条“硬杠杠”：第一，改革必须于法有据，不能想干啥就干啥。第二，改革不能“撒胡椒面”，必须集中火力瞄准要害。第三，改革不能玩虚的，必须让老百姓看到效果。

三条“硬杠杠”给广大党员干部定出了做事的原则、标准，其中第二条是重要的做事方法、技巧。有的党员干部找不到做事的方法，遇到难题时不知从何处下手。如何解决这一困境呢？习近平总书记提出的“突出重点，对准焦距，找准穴位，击中要害”这一做事要领，具有重

要的方法论意义。

有这么一个笑话：

饭店里，一位顾客向服务员反映“这汤我怎么喝呀”，服务员叫来了经理，经理叫来了厨师，他们都以为是汤做得有问题，经理最后还说送顾客一道菜作为补偿。没想到顾客最后哭笑不得地说：“我没有汤匙。”

为什么从经理到服务员都没有把顾客服务好？关键就在于他们没有摸清状况，找到顾客的痛点。瞄错了靶子，射出去的箭自然“谬以千里”。仅凭自己想当然——认为顾客反映的是食物问题，并按照这一思路去找解决之道，结果南辕北辙。

要想“突出重点，对准焦距，找准穴位，击中要害”，第一，必须全面摸清状况。不清楚情况，就难以抓住问题的核心和实质，做事就如盲人摸象，简单的问题也变得纷繁复杂，无从下手。

第二，分清优先次序，搞清楚哪些问题最紧急、矛盾最突出，最紧急、最突出处，往往就是突破口。管理大师德鲁克曾提出“成果管理”，即组织最重要的是把“创造成果”放在最核心的位置，所有的创新创造必须以成果为导向。从成果预设来找“焦距”“穴位”。若是被其他芝麻绿豆的小事牵绊、干扰，可能会贻误最佳时机，导致事倍功半，甚至干不成事。

美国伯利恒钢铁公司总裁查理斯·舒瓦普向效率专家艾维·李请教如何高效地管理自己，提高做事效率。艾维·李说：“我只用十分钟来给你讲这堂课，该付给我多少学费由你来决定。”接着，他递给舒瓦普一张白纸，让他在纸上按照“最重要”到“最不重要”的顺序，依次写下6件事情，然后告诉他：“从明天开始，你早上上班第一件事就是把最重要的那件事完成好，然后再做下一件。记住，一个时间段只做一件事，而且要做好才算完成。即使要用一天的时间才能完成也不能分心，因为你在做的总是最重要的事。”

舒瓦普回去后就按照艾维·李说的方法去做，一个月后，他给艾维·李寄去了一张 25000 美元的支票，并对其表示深深的感谢。再之后，舒瓦普将这种方法传授了给员工，让他们也按照艾维·李的一套思维方法去做事。五年后，他的公司从一家小钢铁厂一跃成为世界上最大的独立钢铁厂。

无论是党员干部个人，还是党政机关、企业集体，都要秉承“结果导向”的工作法则。要取得最大化工作成效，必须分清哪些事情是最重要、亟须解决的，哪些事情是次要的。把握好事情的轻重缓急、优先次序，然后有条不紊、稳扎稳打、步步为营：重要而紧急的事情先做，重要但不紧急的事情排第二，紧急但不重要的事情排第三，既不紧急也不重要的事情放到最后去做。一个人的能力、精力是有限的，一个组织的资源也是有限的，做事不能“眉毛胡子一把抓”，要安排好先后顺序，找到亟须解决的突出问题。

第三，找到突破口和抓手后，就要下狠手抓落实，抓铁有痕、踏石留印，力求一击而中要害，彻底解决难点和顽疾。

《浦东时报》2019 年 10 月 28 日有一篇报道，深入介绍了上海基层组织的党员干部对准焦距，找准穴位，直击要害，彻底解决群众痛点的案例。这个案例值得我们学习借鉴：

浦兴路街道东三居民区张桥一街坊小区的 150 个停车位地锁被全部拆除，困扰了小区居民多年的私装地锁问题得到彻底解决。

张桥一街坊是 1994 年建成的老小区，有 2100 多户居民，小区里共有约 800 个车位。“早几年，车位并不太紧张，就是从这两年开始，车位紧张起来，一些居民为了占车位，就私自加装了地锁。”东三居民区党总支书记顾汉忠说，虽然居委会和小区物业也屡屡劝阻，可是仍然难以制止，日积月累私装地锁的车位达到了 150 个，不仅影响了小区环境，也给老人行走带来了安全隐患，破坏了舒适的居住环境。

随着“不忘初心、牢记使命”主题教育的开展，东三居民区党总支决定把学习成果转化为攻坚克难、切实解决小区难题的动力。东三党总支牵头召集了物业、业委会制定整治方案，党员志愿者上门进行宣传，征求广大业主的意见。前期准备工作做好后，浦兴城管中队对地锁进行了拆除，同时由物业制定严格的停车管理制度，加强管理，规范停车，确保业主有地方停车且不影响公共安全秩序。

顾汉忠说，为防止居民私占停车位现象复燃，东三居民区党总支又组织党员志愿者检查队，发现问题及时指出整改，形成了“党建引领、党员示范、群众发动、人人参与、人人尽责”的社区治理新格局。

在老旧小区居住过的人，都会感同身受，地锁问题看起来事小，却像扎在居民心中的一根“硬刺”。基层党组织从群众最关心、最现实的问题入手，把根治地锁“拔刺”行动作为抓手，以点带线，以线带面，全面检视，创新方法，深入整改，精准施治，通过一系列“微服务”“微治理”“微调解”，打通民生和社会治理的堵点、痛点、盲点，实实在在地解决了居民急难愁盼的问题。

干工作要会“十个指头弹钢琴”

要注重增强系统性、整体性、协同性，使各项改革举措相互配合、相互促进、相得益彰。

——2020 年 10 月 10 日，习近平在中央党校（国家行政学院）中青年干部培训班开班式上发表重要讲话指出

有的时候要抓大放小、以大兼小，有的时候又要以小带大、小中见大，形象地说，就是要十个指头弹钢琴。

——2014 年 2 月 7 日，习近平在接受俄罗斯电视台专访时指出

“您担任中国国家主席快一年了，领导中国这么大的国家，您的感受是什么?”2014 年 2 月 7 日，习近平主席应俄罗斯总统普京邀请出席第二十二届冬季奥林匹克运动会开幕式，会后，俄罗斯电视台对他进行专访，其中问到了上述问题。习近平主席坦言，“作为国家领导人，人民把我放在这样的工作岗位上，我就要始终把人民装在心中最高的位置”。“在中国当领导人，必须在把情况搞清楚的基础上，统筹兼顾、综合平衡，突出重点、带动全局，有的时候要抓大放小、以大兼小，有的时候又要以小带大、小中见大，形象地说，就是要十个指头弹钢琴。”

“十个指头弹钢琴”的工作方法，说到底就是站在全局的角度上思考问题，统筹兼顾，辨证施治，把控方方面面的同时，处理好全局与局

部、当前和长远的关系，“抓大放小、以大兼小”，或者“以小带大、小中见大”。《法制日报》曾报道了长沙市委政法委派两万多名政法干部“大走访”的事例，“大走访”就运用了“十个指头弹钢琴”的方法。

从2013年9月1日起，长沙市委政法委组织全市政法干部在全市开展“百日大走访”活动，全市两万多名政法综治干部和基层综治专干、司法助理员等走访群众220126户，调处小矛盾13014个，整改小隐患3076个，解决小困难11136个。

据了解，长沙政法综治干部在大走访中，注重从“小”处入手，从细处着力，真心倾听“小诉求”，掌握群众的基本意愿，走进群众心里，增进群众感情；用心办理“小案件”，最大限度地增强群众的安全感和满意度；热心调处“小矛盾”，做到抓早、抓小、抓苗头，把矛盾化解在萌芽状态；细心整改“小隐患”，防止小隐患引发大事故、小场所发生大问题；实心解决“小麻烦”，带着感情和责任帮助群众解决生产生活实际问题；诚心听取“小意见”，积极加以整改，以实际行动赢得群众的信任和支持。

（摘编自《法制日报》2013年12月19日）

“十个指头弹钢琴”，不但是一种高效、实用的工作方法，而且也是一种优秀的制度设计和行政理念。

政治学家樊鹏研究员从中国治理的联动性角度分析，认为“中国的一个制度优势实际上是‘十个手指弹钢琴’”。而2020年中国的战“疫”充分说明了这一优势：中央与地方的联动、部门与地方的协调、地方与地方的互援、政府与企业配合、战“疫”与复工复产的兼顾等，不但使中国式战“疫”取得重大战略成果，而且经济快速恢复，持续向好，在全球二十大经济体中“一枝独秀”。当新冠肺炎这只“黑天鹅”刚刚扇动翅膀时，以美国为首的少数西方国家疯狂“遏华”的“灰犀牛”又汹涌而至，我们在战“疫”同时，不得不应对日益恶化的全球变局。2020 年，可以说是对中国社会治理能力和治理水平的一次极端压力测试，实践证明，以习近平同志为核心的党中央在全国人民的拥护中，已经牢牢掌握疫情防控和经济社会发展各项工作主动权。

改革和发展是一项系统大工程，很多事情是互相关联的，比如农民的温饱问题反映出粮食问题，粮食问题又关系到经济状况，而经济状况是一个国家发展水平的直接体现。也就是说，任何一件事情都不容忽视，也不能忽视，忽视了一个问题，有可能带出一连串问题，甚至影响全局。因此，党员干部在工作中必须运用“十个指头弹钢琴”的方法，切实落实习近平总书记要求的：“要有强烈的问题意识，以重大问题为导向，抓住重大问题、关键问题进一步研究思考，找出答案，着力推动解决我国发展面临的一系列突出矛盾和问题。”①

---

① 《中共中央召开党外人士座谈会》，《人民日报》2013 年 11 月 14 日。

从总理的“工匠精神”到总书记的“绣花”功夫

城市管理应该像绣花一样精细。

全过程都要精准，有的需要下一番“绣花”功夫。

——2017 年 3 月，全国“两会”期间，习近平两次用“绣花”比喻工作方法

培育和践行社会主义核心价值观，广泛开展群众性精神文明创建活动，大力弘扬奋斗精神、科学精神、劳模精神、工匠精神，汇聚起向上向善的强大力量。

——《政府工作报告——2019 年 3 月 5 日在第十三届全国人民代表大会第二次会议上》

2019 年 3 月 5 日，李克强总理在第十三届全国人民代表大会第二次会议上作政府工作报告，提出大力弘扬“工匠精神”，汇聚起向上向善的强大力量。实际上，早在 2016 年政府工作报告中，他已经正式提出“工匠精神”。之后，2017 年和 2018 年，“工匠精神”一词都出现在了政府工作报告和总理记者招待会上。李克强要求全国上下都要发扬“工匠精神”，提高中国产品质量，迈向中高端产业链。从个人到企业再到政府政务，“工匠精神”成为最近几年的流行语。时任科技部部长

万钢接受采访时，特地谈了他对“工匠精神”的理解：工匠精神实际上是一种敬业精神，就是对每个人所从事的工作锲而不舍，对质量的要求不断提升，在每一个工作岗位上的每一件事都不能放松。

习近平总书记在谈到党员干部的工作方法时，两次用独具特色的“习语”风格妙喻“工匠精神”：2017 年 3 月 5 日，十二届全国人大五次会议期间，在上海代表团参加审议谈到城市建设时，习近平总书记说，城市管理应该像绣花一样精细。城市精细化管理，必须适应城市发展。3 月 8 日在四川代表团参加审议谈到精准扶贫时，习近平总书记说，当前脱贫工作，关键要精准发力，向基层聚焦聚力，有的需要下一番“绣花”功夫。

“工匠精神”和“绣花”功夫不仅适合制造领域和社会治理，同样适用于每个人的日常生活和工作。它们体现了一种人生态度和价值观，倡导做专、做精、做细、做实的作风，唤起每个人对使命的执着、对工作的热情、对职业的敬畏、对人生的负责。

美国标准石油公司的小职员阿基勃特有个习惯：出差中，但凡需要签名时，他在签名后都会附上一句话——“每桶标准石油 4 美元”。同事们笑话他，认为他这种推销方法是徒劳的，还给他起了“每桶 4 美元”的绰号。

公司董事长洛克菲勒听说公司有个“怪人”，抓住每一次机会，热情地宣传公司声誉，非常感动，于是邀请阿基勃特共进晚餐。阿基勃特的勤奋、努力得到了洛克菲勒的赏识，也由此迎来了职业生涯的转变。多年过后，阿基勃特成长为公司高层。

阿基勃特只是在签名的便条上多写了一句话，然而，就是因为坚持这么一个小细节，他比别人获得了更大的成功优势。为什么？因为细节反映出态度、作风，体现一个人的心灵纯度。严格来说，宣传公司这件事并不在阿基勃特的工作范围之内，他之所以一直坚持做，源自他对公司的忠诚、对工作的尽职尽责。

老子说："天下大事必做于细，天下难事必做于易。"细节决定成败，把小事、细事做好，才能把大事干成。反之，做事要学会把大事做小，把小事做细，把细节做精，通过处理好每一个小细节，把一件事情做到最好、做到极致、做到超预期，成功就是自然而然、水到渠成的事情。

在工作中，如何才能把大事做小、把小事做细呢？关键要掌握两个基本原则：

一要学会细分目标。大事业是由一个个细小动作来完成的，当实现了一个个小目标，就离大目标越来越近。要学会细分目标，也就是细分工作，把每一细分工作做实。

1984年的东京国际马拉松邀请赛中，名不见经传的日本选手山田本一出人意料地夺得了世界冠军。当记者问他凭什么取得如此惊人的成绩时，他说了这么一句话：凭智慧战胜对手。当时很多人认为这个偶然跑到前面的矮个子在故弄玄虚，马拉松是体力和耐力的对决，说凭借智慧取胜确实有点勉强。

两年后，意大利国际马拉松邀请赛上，他又一次获得了世界冠军。当记者问到他时，他仍然是上次那句话：凭智慧战胜对手。这一次记者在报纸上没有再挖苦他，而是对他所谓的智慧迷惑不解。

十年后，这个谜终于被解开了，在自传中他是这么说的：每次比赛前，我都要把比赛线路仔细地看一遍，并把沿途比较醒目的标志画下来，一直到赛程终点。比赛开始后，我就以百米的速度奋力冲向第一个目标，到达后，我又以同样的速度向第二个目标冲去。就这样，40多公里的赛程，就被我分解成几个小目标轻松地跑完了。

二要养成注重细节的好习惯。习近平总书记曾提出党员干部要做到"三慎"：慎始、慎独、慎微。"慎微"指的就是党员干部要注重细微之处。古人云："一屋不扫，何以扫天下？"唯有注重细节，才能真正做到把大事做小、做细、做实、做精。

“全国模范检察官”陈海宏就是一位注重工作细节的模范。

在人生最后一次抓捕行动中，陈海宏本可以破门而入，但他没有这样做，因为犯罪嫌疑人韩某是一个孩子的母亲。他敲门进入，看到韩某的孩子正在做作业，就轻声说：“我们和你妈妈谈点儿事，你做作业吧！”出门后，他才向韩某宣读了逮捕决定，给她戴上了手铐。

“细微之处见真情”“一枝一叶总关情”。避开犯罪嫌疑人的孩子这样一个小细节，体现了陈海宏对职业的敬畏感和爱民之心，展现的是闪光的党性。

培养重视细节的习惯，关键是要培养“慎微”意识。春秋时期宋国大夫正考父居高位得势时谦卑自持，所以其鼎上铭文为“一命而偻，再命而伛，三命而俯。循墙而走，亦莫余敢侮。于是，鬻于是，以糊余口”。习近平总书记曾引用这句话，告诫广大党员干部，做人要谦虚、谨慎、戒骄戒躁，在细节上显真情，在小事上见功夫。

党员干部要有“慎微”的意识，立志做细节上的有心人；要善于抓住大局中的重点细节，胆大而心细、认真又负责。

第七章

善 谋 事

◇ 加强战略思维，增强战略定力，强化战略贯彻力

◇干部谋什么、怎么谋

◇ 要谋一时，更要谋万世

◇ 精心谋事、潜心干事，才能干成事、成大事

加强战略思维，增强战略定力，强化战略贯彻力

领导干部要加强理论修养，深入学习马克思主义基本理论，学懂弄通做实新时代中国特色社会主义思想，掌握贯穿其中的辩证唯物主义的世界观和方法论，提高战略思维、历史思维、辩证思维、创新思维、法治思维、底线思维能力，善于从纷繁复杂的矛盾中把握规律，不断积累经验、增长才干。

——2019 年 1 月 21 日，习近平在省部级主要领导干部坚持底线思维着力防范化解重大风险专题研讨班开班式上的讲话

加强战略思维，增强战略定力，更好统筹国内国际两个大局。

——2013 年 1 月 28 日，习近平在十八届中央政治局第三次集体学习时的讲话

2020 年 10 月 23 日，华为集团正式向全球宣告三季度财报。数据显示，2020 年前三季度，华为实现营业收入 6713 亿元，同比增长 9.9%，净利润率为 8.0%。其中，第一季度营业收入同比增长 1.4%，第二季度增长 22.65%，第三季销售收入约季减 20%，与上年同期相比年增 3.7%，增速明显放缓。对此，华为表示，在全球面对新冠肺炎疫情的严峻挑战下，华为全球化的供应链体系同时面临巨大的外部压力，这给

生产、运营带来了不少的困难。

自2018年美国制裁华为以来，制裁手段步步升级，最后甚至到了以一个世界超级大国的力量极限打压一家企业的疯狂、无底线地步——技术封锁、政治干预、情报联盟、外交游说，甚至不惜自损八百的美国霸权式“七伤拳”釜底抽“芯”，但华为逆水行舟，死地求生，持续发展，保持了利润增长。2020年《财富》世界500强排行榜，华为排名更是提升至49位。正如华为消费者业务CEO余承东在中国信息化百人会2020年峰会上表示：华为手机在2020年第二季度取得了全球第一，这是在非常艰难的情况下取得的，没有反映出真实水平，就像一个游泳比赛，外部的两轮制裁相当于将华为的手和脚都捆上了，华为手机仅靠扭屁股和腰就取得了这样的成绩。

2019年5月21日，在华为深圳总部举行的中国媒体圆桌会上，华为创始人任正非在接受记者采访时，拿出一张一架在“二战”中受到重创的伊尔-2飞机——虽然伤痕累累，却依然坚持飞行，最终返航的照片，用它来比喻当前的华为：“没有伤痕累累，哪来皮糙肉厚，英雄自古多磨难。”任正非非常喜爱这张图片。在美国消费者新闻与商业频道（CNBC）的一次采访中，他就曾把女儿孟晚舟比作这架飞机。

伤痕累累、皮糙肉厚，然而骄傲地奋勇展翅、翱翔天际。在这气壮山河的背后，是华为越挫越勇、坚定不移的战略定力和对既定战略的贯彻能力。

同样，面对“当今世界正经历百年未有之大变局，我国发展的外部环境日趋复杂。防范化解各类风险隐患，积极应对外部环境变化带来的冲击挑战，关键在于办好自己的事，提高发展质量，提高国际竞争力，增强国家综合实力和抵御风险能力，有效维护国家安全，实现经济行稳致远、社会和谐安定。经济、社会、文化、生态等各领域都要体现高质量发展的要求”[①]。广大党员干部要提高和加强战略思维，增强战

① 习近平：《关于〈中共中央关于制定国民经济和社会发展第十四个五年规划和二〇三五年远景目标的建议〉的说明》，《人民日报》2020年11月4日。

略定力、战略贯彻力。习近平总书记深刻指出:“战略问题是一个政党、一个国家的根本性问题。战略上判断得准确,战略上谋划得科学,战略上赢得主动,党和人民事业就大有希望。”①

党员干部要善用会用战略思维。早在2003年任浙江省委书记时,习近平同志就在《浙江日报》上发表文章指出:“各级党政‘一把手’要站在战略的高度,善于从政治上认识和判断形势,观察和处理问题……要努力增强总揽全局的能力,放眼全局谋一域,把握形势谋大事……用战略思维去观察当今时代,洞悉当代中国……”②

当前,党和国家正处于“两个一百年”奋斗目标的重要历史交汇期,党员干部,特别是党的领导干部,更需要着力培养战略思维,保持战略定力,强化战略贯彻力,在纷繁复杂、充满不确定性的巨变时代,站稳立场、正视现实、加强定力、看清形势、辨明方向、审时度势,运筹帷幄、正确决策、强化落实,带领人民群众一起共创伟业。

加强战略思维,可从以下三方面着手。首先,要培养领导者意识,开阔视野,提高站位,站在更高、更广的角度和视野看问题,谋篇布局。其次,培养深度、全面、辩证、历史、科学的思考方式,从实际出发,以未来定位现在,用客观规律看待问题、解决问题,不断提高战略布局和战略贯彻力。最后,要加强自身党性修养、政德修养,时刻围绕党和国家的中心任务,坚决贯彻执行党的路线方针政策,从大局出发,从全局关照,正确看待并妥善处理工作中的难题和各种社会矛盾。唯有如此,才能切实跟随在党中央周围,不缺席、不掉队、不落伍,在有效应对重大挑战、抵御重大风险、克服重大阻力、解决重大矛盾中冲锋在前、建功立业。

① 习近平:《在纪念邓小平同志诞辰110周年座谈会上的讲话》,《人民日报》2014年8月21日。

② 习近平:《之江新语》,浙江人民出版社2007年版,第20页。

干部谋什么、怎么谋

从党的十九大到二十大是“两个一百年”奋斗目标的历史交汇期，我们既要全面建成小康社会、实现第一个百年奋斗目标，又要乘势而上开启全面建设社会主义现代化国家新征程，向第二个百年奋斗目标进军。

——2017 年 10 月 18 日，习近平在中国共产党第十九次全国代表大会上的报告

谋事要实，就是要从实际出发谋划事业和工作，使点子、政策、方案符合实际情况、符合客观规律、符合科学精神，不好高骛远，不脱离实际。

——2014 年 3 月 9 日，习近平在参加十二届全国人大二次会议安徽代表团审议时的讲话

根据战略管理理论，战略思维包括五方面的内容，即五个步骤。

第一，规划战略愿景，弄清本地区本单位本部门工作重点是什么，往哪些方向努力，想取得什么样的成果。

第二，提出战略目标，包括地区、单位和部门发展目标以及个人职业目标。有目标才有方向，战略才可能落地。

第三，制订战略计划，要确定用什么方法，落实几个步骤。计划完善可行，才可能顺利地贯彻实施。

第四，实施和执行战略，将计划付诸实践。

第五，反馈和调整战略。战略执行过程不可能一帆风顺，在实际工作中，要及时根据实际情况对战略进行动态调整，围绕战略目标不断改进方法、步骤、流程。

万事开头难，运用战略思维最关键的就是走好第一步，即明确战略愿景，通俗地说就是要找到谋事的方向。当前，对广大党员干部来说，最主要的谋事方向和整体战略目标是什么呢？

对此，以习近平同志为核心的党中央曾数次不断深化党和国家的战略布局。

2012 年 11 月 29 日，在参观“复兴之路”展览时，首次提出了中国梦概念，将“实现中华民族伟大复兴”确定为中国近代以来最伟大的梦想。

2014 年 11 月，到福建考察调研时，提出了“协调推进全面建成小康社会、全面深化改革、全面推进依法治国进程”的“三个全面”。12 月，在江苏调研时，在“三个全面”的基础上新增了一个战略目标：“全面从严治党。”至此，“四个全面”成为我们党和国家事业的战略布局。

2017 年 10 月 18 日，在中国共产党第十九次全国代表大会上，习近平总书记深入、全面、系统地阐述了党中央在未来 30 年的宏伟战略部署。综合分析国际国内形势和我国发展条件，从 2020 年到 21 世纪中叶可以分两个阶段来安排。

第一个阶段，从 2020 年到 2035 年，在全面建成小康社会的基础上，再奋斗 15 年，基本实现社会主义现代化。

第二个阶段，从 2035 年到 21 世纪中叶，在基本实现现代化的基础上，再奋斗 15 年，把我国建成富强民主文明和谐美丽的社会主义现代化强国。

2020 年 10 月 26 日至 29 日，中国共产党第十九届中央委员会第五次全体会议举行。本次会议站在“两个一百年”奋斗目标的历史交汇点上，将“十四五”规划与 2035 年远景目标统筹考虑，为未来中国擘画了一幅波澜壮阔的新图景。会议审议通过了《中共中央关于制定国民经济和社会发展第十四个五年规划和2035年远景目标的建议》，描绘了我国进入新发展阶段的发展蓝图，为全党全国各族人民夺取全面建设社会主义现代化国家新胜利指明了前进方向、提供了根本遵循。

当前，是从十九大向二十大迈进的关键时期，是“两个一百年”奋斗目标的重要历史交汇期。“四个全面”战略布局中，“全面建设社会主义现代化国家”是当前党员干部最主要的战略目标。唯有实现了这个目标，才可能谈中国梦的实现。也就是说，党员干部当前要以“全面建设社会主义现代化国家”为目标，从“全面深化改革”“全面依法治国”“全面从严治党”去谋事。

第一，党员干部必须谋改革。在全面深化改革的过程中，广大党员干部除了要有勇于改革、敢于创新的胆识和魄力，还要清楚以什么为重点以及从哪些方面入手进行战略破局。

党员干部要消除直接影响改革发展的体制机制障碍，从人民群众反映强烈的突出问题入手。具体来说，就是深入推进行政体制、金融体制、财政体制、农村、户籍制度、科技体制、社会体制、教育、医疗、收入分配体制、社会救助制度等涉及人民群众切身利益的改革，以问题倒逼改革，问题在哪里，改革就指向哪里。

第二，党员干部必须谋法治。党员干部谋法治的前提是，要有法治思维。培养这一思维，要充分认识到法治建设的对象不只是群众，还包括党员干部和党政机关。法治改革是一项系统工程，包括法治国家、法治政府、法治政党、法治社会的一体化建设。法治要落实在政治层面，也要落实在经济层面。中国经济改革的终极目标是建立成熟的社会主义市场经济体制、法治的市场经济体制。法治思维是对人治思维的革命。法治思维的转变和提升，是指导党员干部正当行使权力、降低用权风险的最佳利器。

具体到日常工作，党员干部谋法治，要做到有法可依、有法必依、执法必严、违法必究，要牢记习近平总书记的重要指示：“不要去行使依法不该由自己行使的权力，也不要去干预依法自己不能干预的事情，更不能以言代法、以权压法、徇私枉法，做到法律面前不为私心所扰、不为人情所困、不为关系所累、不为利益所惑。”①

第三，党员干部必须谋全面从严治党和作风建设。2017 年 10 月 18 日，习近平总书记在党的十九大报告中再次表达了党中央全面从严治党的决心和信心，并将其作为“新时代坚持和发展中国特色社会主义的基本方略”之一。

需要着重指出的是，全面从严治党不仅是领导干部和纪检监察干部的事情，也是每一位党员干部的政治要务。邓小平曾指出：“在目前的历史转变时期，问题堆积成山，工作百端待举，加强党的领导，端正党的作风，具有决定的意义。”② 当前世界形势日益复杂，每一位党员干部，尤其是领导干部，都要坚持战略思维，增强忧患意识，提高防控能力，着力防范化解重大风险，做到“为之于未有，治之于未乱”，保持经济持续健康发展和社会大局稳定，为决胜全面建设社会主义现代化国家、夺取新时代中国特色社会主义伟大胜利、实现中华民族伟大复兴的中国梦提供坚强政治保障。

① 中共中央纪律检查委员会、中共中央文献研究室编：《习近平关于党风廉政建设和反腐败斗争论述摘编》，中国方正出版社、中央文献出版社 2015 年版，第 123 页。

② 《邓小平文选》第 2 卷，人民出版社 1994 年版，第 178 页。

要谋一时，更要谋万世

我们对于时间的理解，不是以十年、百年为计，而是以百年、千年为计。

——2019 年 3 月 23 日，习近平同意大利总理孔特举行会谈、出席签字仪式之后的讲话

我们既要绿水青山，也要金山银山……而且绿水青山就是金山银山。我们绝不能以牺牲生态环境为代价换取经济的一时发展。

——2013 年 9 月 7 日，习近平在哈萨克斯坦纳扎尔巴耶夫大学的演讲

良好的生态环境是一个国家提升综合国力、全面发展的基础。没有好的环境，群众就不会有健康和谐的生活，国家的发展就会变成一句空话。然而，当前有些地方的党员干部存在错误的观念：只要把经济搞上去，牺牲一点环境是可以的。为了经济发展而牺牲环境看似为公不为私，实际上是竭泽而渔，吃子孙饭、断子孙路，是透支未来资源的短视做法，这是对国家和人民、对后世子孙的犯罪。

第一，“既要金山银山，也要绿水青山”传递出什么样的治理观？党员干部必须彻底转变观念，不能再只以 GDP 增长论政绩。如果为了经济牺牲了环境，同样过不了考核关。地方生态环境状况已经被列入领导干部的考核内容之一。2013 年 9 月参加河北省委常委班子专题民主

生活会时，习近平总书记就明确指出，生产总值即便滑到第七、第八位了，但在绿色发展方面搞上去了，在治理大气污染、解决雾霾方面作出贡献了，那就可以挂红花、当英雄。

习近平总书记对生态环境之于国家兴亡的重要性始终有着清醒的认识。事实上，早在浙江任职期间，他就说过：生态兴则文明兴，生态衰则文明衰。

习近平总书记的几次讲话都表明，后 GDP 时代的治理观跟党的新发展理念是一致的。广大党员干部在谋求经济发展的时候一定要牢记新发展理念，不能只顾一时而不顾长远，只顾经济利益而不顾民生，要以人为本，追求可持续、全局的利益。

清代文人陈澹然说："不谋万世者，不足谋一时。不谋全局者，不足谋一域。"习近平总书记在《关于〈中共中央关于全面深化改革若干重大问题的决定〉的说明》中特意引用了"不谋全局者，不足谋一域"。他指出，大家来自不同的部门和单位，都要从全局看问题，首先要看提出的重大改革举措是否符合全局需要，是否有利于党和国家事业长远发展。要真正向前展望、超前思维、提前谋局。党员干部要想干成事，党的事业要想取得成功，在考虑利弊时千万不能只顾"一时""一域"，而必须谋"万世""全局"。也就是说，要有科学发展观、绿色发展观，总的来说就是要有大局观、长远观。

如果把眼光放远一点，政治站位再高一些，辩证地看待经济发展和生态环境之间的关系，就能够更清晰地认识到，两者并非矛盾，而是一体相连。2019 年 3 月 5 日，习近平总书记参加十三届全国人大二次会议内蒙古代表团审议时指出，保护生态环境和发展经济从根本上讲是有机统一、相辅相成的。有了绿水青山，才有持续的、持久的金山银山。

第二，什么是大局观？如何培养大局观？所谓大局观，邓小平阐释得非常清楚："有些事从局部看可行，从大局看不可行；有些事从局部看不可行，从大局看可行。归根结底要顾全大局。"① 习近平总书记说

① 《邓小平文选》第 2 卷，人民出版社 1994 年版，第 82 页。

做事要“瞻前顾后”：“领导干部要善于‘瞻前’……要遵循客观规律，尊重群众意愿……不求个人‘风光’而是一以贯之地干下去。领导干部还要注意‘顾后’，努力培养长远的眼光和全局的思维……致力于推动本地本部门又好又快发展，为后任多打些基础，为后代多留些财富，真正做到‘为官一任，造福一方’”。[①]

要培养大局观，党员干部首先要多读书勤思考，扩充知识面。“知识就是力量”，这句话虽是老生常谈，却蕴含了毋庸置疑的真理。知识不足，思考的宽度和深度就会受限，想问题、谋划事情就容易出现偏颇，有可能顾此失彼。党员干部唯有多学习，增长知识面，才能培养思考的深度和张力，具备长远的视野和眼界，提升战略布局能力和办事成效。

要培养大局观，党员干部还要加强政治素养和品格修养。政治素养是党员干部第一素养，政治合格是党员干部合格的第一要素。唯有政治过硬，在思想上政治上行动上同以习近平同志为核心的党中央保持高度一致，才会立得住、站得稳、走得远、干得长。否则，就容易各自为政，不顾大局，具体表现为：无法正确处理个人与整体、上级与下级的关系；考虑问题停留在只顾个人利益或者本地区本单位本部门利益的层面上，无法真正贯彻执行党中央的路线方针政策。

大局观不仅是一种思维、一种战略观，也是一种责任感和担当力，还是一个人深厚修养的体现。实际工作中，有的党员干部并不缺乏大局观，但会做出不顾大局的事情。之所以这样，是因其修养不够、品格不高：有的心胸狭窄，处理人际矛盾时不能克制和约束，而是斤斤计较，容易做出不理智的行为；有的追逐名利，虽明知一些事情不可为，但为了个人私利还是不顾大局，做出急功近利之举。所以说，要培养大局观，党员干部必须努力提升政治素养和品格修养。

① 习近平：《之江新语》，浙江人民出版社 2007 年版，第 266 页。

精心谋事、潜心干事，才能干成事、成大事

不能高高在上、凌空蹈虚，不能只挂帅不出征。

——2020 年 10 月 10 日，习近平在中央党校（国家行政学院）中青年干部培训班开班式上发表重要讲话强调

领导干部要想真正在群众心目中留下一点“影”、留下一点“声”、留下一点印象，就要精心谋事、潜心干事，努力为人民多作贡献，而绝不能靠作秀、取宠、讨巧，博取一些廉价的掌声。

——《之江新语》

善谋事才能干成事。党员干部干事不能只抓点不抓面，只顾片面不顾全面，只看一域不看全局；做事要有大局观，像下棋一样学会观全盘、谋大势。唯有全方位思考，全局谋划，才能干成事、成大事。

那么，谋事要遵循哪些原则才能成功呢？我认为，必须遵循三个原则。

第一，谋事要顺时势。孙中山先生说过一句话：“世界潮流，浩浩荡荡，顺之则昌，逆之则亡。”宇宙的运行自有规律，顺着规律去做事才能成功；逆着规律做事，即便付出巨大努力，也难以成就。

中国古人提倡“顺其自然”，本义就是顺着自然规律做事。善于审

时度势、能够顺势而为的人，才更容易成就大业。这样的事例在商界中很常见。美国苹果公司的成功，正在于乔布斯看到了手机智能化的趋势；而被称为“中国的乔布斯”的雷军的快速崛起，则在于他顺着这个趋势，抓住了“手机将成为移动互联时代最重要的终端入口”这个“风口”，创造了小米手机“超预期”的客户体验，建立起了以移动互联网为依托的生态系统。

善谋事者必善谋势，广大党员干部要以审时度势的眼光，善于抓住时机，趁势而动，顺势而为。习近平任浙江省委书记时就曾在《浙江日报》上发文指出：“放眼全局谋一域，把握形势谋大事。”2014 年 2 月 27 日，他在中央网络安全和信息化领导小组第一次会议上的讲话中强调，信息技术和产业发展程度决定着信息化发展水平，要加强核心技术自主创新和基础设施建设，提升信息采集、处理、传播、利用、安全能力，更好惠及民生。

网络全球化已经成为大势所趋，中国已然成为一个网络大国。习近平总书记对互联网的重视，体现了他善于审时度势、抓住机遇的高超智慧和卓越布局能力，也彰显了中国最高决策层善于抓住世界发展的大趋势、新形势，顺势而为、顺势崛起。

第二，谋事要遵循客观规律。谋事要顺势，顺势不是盲目跟风。顺势有一个重要前提，就是要遵循客观规律。

我们看下面两则报道。

在南京市浦口区浦珠北路与柳州北路路口西北角，有一幢孤零零的外表很“老土”的 7 层居民楼，从斑驳的外墙看，很容易让人认为是一座住户已经迁出的待拆老楼，但实际上，这却是一幢从建成之后就从未使用过的楼房，可以说出生即成为“弃儿”，而且时间长达 23 年！

（摘编自《现代快报》2015 年 4 月 14 日）

有些地方在缺乏产业支撑的情况下，盲目开建新型农村社区，导致农民上了楼却留不下来，或者干脆拒绝上楼，最终形成农村的“二次空心化”现象，亟待引起重视。

…… ……

在河南新乡市红旗区，记者发现，一些新社区建成多年，可愿意上楼的农民少之又少，形成老村拆不掉新村无人住的局面。一到晚上，空旷的新社区就陷入黑灯瞎火，宛如乡村“鬼楼”。

（摘编自人民网2014年2月24日）

城镇化是一种趋势，然而，为什么有的地方城镇化搞得风生水起，有的地方却步履蹒跚？关键就在于，有的地方把跟风当成了顺势，明明本地还不适合搞城镇化，却硬要搞大规模的房地产开发，结果造成财政亏空。

城镇化要想取得成功，必须从实际情况出发，尊重当地发展规律，因地制宜。顺势必须遵循事物发展的规律，切忌照搬照抄、跟风、拔苗助长等违背客观条件和客观规律的做法。

第三，谋事要坚守底线思维。党员干部要善于运用底线思维，凡事从坏处准备，努力争取最好的结果，做到有备无患、遇事不慌，牢牢把握主动权。

2019年1月21日，在省部级主要领导干部坚持底线思维着力防范化解重大风险专题研讨班开班式上，习近平总书记再次提到底线思维，强调深刻认识和准确把握外部环境的深刻变化和我国改革发展稳定面临的新情况新问题新挑战，坚持底线思维，增强忧患意识，提高防控能力，着力防范化解重大风险，保持经济持续健康发展和社会大局稳定。广大党员干部做谋划、定战略，一定要坚守底线，不可逾越。如何坚守底线思维呢？要保持清醒头脑，一分为二地分析面临的形势，善于运用底线思维看待问题，既要看到发展的有利条件和积极因素，进一步坚定信心和决心，也要充分认识各种不利因素和薄弱环节，做好迎接更大困难的准备，并努力争取最好的结果，牢牢把握发展的主动权。

底线思维的要义在于，忧思在前，有备无患。底线思维能力和战略思维能力、历史思维能力、辩证思维能力、创新思维能力、法治思维能力，共同构成了新时代党员干部必须具备的六大思维能力。广大党员干部若能坚守底线思维，在谋划事情的时候慎之又慎，想得全面一点、长远一点，成功的可能性会更大。作为新时代党员干部，只有在“善”“谋”上下功夫，才能在“事”上出成效，才能干对事、干成事。

第八章

干对事

◇ 方向不对，努力白费

◇ 做好调研，多解决一些群众牵肠挂肚的问题

◇ 把别人敷衍的事情干好

◇ 站位高、看得远、想得深，才能抓得准、办得妥

方向不对，努力白费

不断提高各级领导干部特别是高级干部把握方向、把握大势、把握全局的能力，辨别政治是非、保持政治定力、驾驭政治局面、防范政治风险的能力，善于从政治上分析问题、解决问题。各级领导干部特别是高级干部要炼就一双政治慧眼，不畏浮云遮望眼，切实担负起党和人民赋予的政治责任。

——2018 年 6 月 29 日，习近平在中共中央政治局第六次集体学习时的讲话

任何事情都要向上看看，向下看看。

——2012 年 12 月 29 日，习近平在河北省阜平县考察扶贫开发工作时的讲话

管理大师彼得·德鲁克在《卓有成效的管理者》一书中对高效能人士如何工作有一段精彩阐述：

效率是“以正确的方式做事”，而效能则是“做正确的事”。效率和效能不应偏废，但这并不意味着效率和效能具有同样的重要性。我们当然希望同时提高效率和效能，但在效率与效能无法兼得时，我们首先应着眼于效能，然后再设法提高效率。

这番话包含有一个意思："做正确的事"比"以正确的方式做事"更重要。

无独有偶，麦肯锡资深咨询顾问奥姆威尔·格林绍也曾指出："我们不一定知道正确的道路是什么，但却不要在错误的道路上走得太远。"

新时代的党员干部，如何成为高效能人士，在工作、学习中取得更大成绩呢？

第一，深刻认识"方向不对，努力白费"。我曾在《好干部是干出来的》一书中讲过这么一个故事。

在杂草丛生的树林里，工人们挥汗如雨，忙碌地清除野草和矮灌木丛。工头也很尽职尽责，不时监管工人们有无偷懒。这时，一个人爬上最高的那棵树，拿着望远镜举目远眺，接着大喊："不是这块丛林！快停下，我们干错了！"

工头和工人们却没有理会他，而是说："我们正干得起劲呢！"

也许大家会觉得故事中那些仍继续干活的工人们很可笑，但是，类似情形是不是有时也发生在我们党员干部身上？有的干部正"起劲"地干着自以为对的事情，全然不觉方向错误、目标错误。比如以下案例中的某些干部。

2012年5月，深圳市25家市直机关的公务员上街开展"便民利民"志愿服务活动，其中包括擦皮鞋、修自行车、照相、理发等免费服务。没想到这项活动引来了群众和媒体的一片骂声，被认为是不务正业，被指责为"作秀"。

往前推一二十年，群众会因为党员干部上街扫地、为居民理发、下乡帮干农活欢欣鼓舞，认为这是党员干部亲民爱民的表现。但现在，他们对公民权利认识以及党政机关、党员干部角色定位的认知发生了巨大的转变，对党员干部的要求逐步提高。群众要求党政机关及其公职人员提供优质的公共产品与服务；而修自行车、理发这样的“免费服务”，不但角色错位，还抢了一些小摊主的生意，扰乱市场秩序。所以，这类“小恩小惠”很难再讨群众喜欢。

“方向不对，努力白费。”做事首先要找准方向，确保做的事是正确的。在方向、目标正确的前提下，才有讲究做事方式、方法的必要。若方向不对、目标错误，干得再漂亮光鲜也是无用功，甚至干得越“漂亮”越可能招致群众的反感。

第二，如何找对方向，避免在错误道路上走得太远呢？党员干部如何判断所做的事情是否正确？2012 年 12 月，习近平总书记在河北省阜平县考察扶贫开发工作时，曾做过精辟的解答：任何事情都要向上看看，向下看看。要经常问问自己，我们是不是在忙着与党的根本宗旨毫不相关的事情？有没有一心一意在为老百姓做事情？是不是在围绕党和国家中心任务而工作？

要把握大方向，只有方向正确，才能炼就一双政治慧眼，不畏浮云遮望眼，切实担负起党和人民赋予的政治责任。什么是“大方向”呢？2018 年 7 月 2 日，习近平总书记同团中央新一届领导班子成员集体谈话时，对新一代年轻干部提出了新的期望和要求，阐述了他的“干部观”和“方向观”：政治上、思想上、能力上、担当上、作风上、自律上要强，做到对党忠诚，敢于挑急难险重的担子，敢于到条件艰苦、环境复杂的岗位锻炼，脚踏实地、一步一个脚印干。

从总书记的讲话来看，党员干部要想保证所做之事是正确的，必须按照两个标准去衡量：一是“向上看”，符合党的根本宗旨，围绕党和国家的中心任务。当前，这个中心任务就是用习近平新时代中国特色社会主义思想和党的十九大精神武装头脑、指导实践、推动工作，把党中央的决策部署落到实处，在全国各地落地生根。二是“向下看”，以人民为中心，多做符合人民群众根本利益的事情，让群众多一些笑脸。

在具体工作中，党员干部要想保证做事正确，应牢记两个道理：一是正确的事情不分大小，但要分轻重缓急；二是任何一件事，凡是对人民群众有益的，只要做就做到最好，没做到最好，存有瑕疵，等于“对了一点儿”，没有“全对”。

第三，做事方向正确，为何如此重要？对于党员干部而言，保证做事方向正确无误，既是必须遵循的工作原则，也是提升自身职业素养的重要基础。

其一，只有做正确的事，才能把“以人民为中心”的思想落到实处。以人民为中心的发展思想，是党的十八届五中全会首次提出来的，体现了我们党全心全意为人民服务的根本宗旨。在党的十九大报告中，习近平总书记再次深入阐述了这一理念的深层内涵，坚定地强调“坚持以人民为中心”。“以人民为中心”是党员干部应该追求也必须追求的，党员干部的工作如果不能“以人民为中心”，就会偏离正确的轨道。俗话说：“方向对了，结果才会顺理成章。”所做之事若“向上看”和“向下看”都符合标准，那么它的方向就是对的，才有可能不负初心，不辱使命。

其二，只有做正确的事，才能保证干成事、不出事。对广大党员干部而言，正确之事指向的结果是造福于民；反之，错误的事指向的是有害于民。虽然“害”的程度因具体事情而异。但是，不管“害”的程度是轻是重，只要给人民群众带来了利益损失，一定会受到不同程度的问责和处分。对于一些比较严重的错误，如有些地区和部门及其工作人员假作为、乱作为，大搞不切实际劳民伤财的工程等，已触犯党纪国法，这样的党员干部迟早会“出事”。所以，要想“不出事”，唯有坚持做正确的事情。先选择做正确的事，再正确地去做事，就会事半功倍。

做好调研，多解决一些群众牵肠挂肚的问题

广大党员、干部深入基层、深入一线，积极回应群众关切，切实解决群众最关心最直接最现实的利益问题，特别是解决群众看病难、上学难、就业难、住房难等操心事、揪心事，以看得见的变化回应群众期盼，群众获得感、幸福感、安全感明显提升。许多群众谈到，现在我们话有地方说了，干部的面经常能见到了，以前难办的事也有人去办了。

——2020 年 1 月 8 日，习近平在“不忘初心、牢记使命”主题教育总结大会上的讲话

多办一些顺民意、惠民生的实事，多解决一些各族群众牵肠挂肚的问题。

——2014 年 9 月 28 日，习近平在中央民族工作会议上的讲话

党员干部如何才能知道老百姓的所思所想、急难愁盼呢？关键是要做好调查研究。对于调查研究，党员干部要树立三种认识。

第一，调查研究非常重要。调查研究不仅是获知民心民意的一种工作方法，还是关系成就党和人民事业的大问题。党员干部只有了解真实民情，掌握民意，才能保证努力的方向是正确的、有意义的。调查研究能力是党员干部特别是年轻党员干部必须提高的七大核心能力之一，也

是做好工作的基本功。在2020年秋季学期中央党校（国家行政学院）中青年干部培训班开班式上，习近平总书记对调查研究能力做了深入的阐述。

一定要学会调查研究，在调查研究中提高工作本领。调查研究要经常化。要坚持到群众中去、到实践中去，倾听基层干部群众所想所急所盼，了解和掌握真实情况，不能走马观花、蜻蜓点水，一得自矜、以偏概全。对调研得来的大量材料和情况，要认真研究分析，由此及彼、由表及里。对经过充分研究、比较成熟的调研成果，要及时上升为决策部署，转化为具体措施；对尚未研究透彻的调研成果，要更深入地听取意见，完善后再付诸实施；对已经形成举措、落实落地的，要及时跟踪评估，视情况调整优化。

做调查研究，摆正心态是前提：一是要有自主自愿的态度；二是要有"吃得了苦，守得住寂寞"的耐力；三是要有向群众谦虚请教的学习精神。唯有摆正态度，调查研究工作才能切实开展，产生实际效果。

第二，调查研究内容必须明确。在2011年秋季学期中央党校第二批入学学员开学典礼上，习近平强调领导干部要经常走出领导机关，深入实际、深入基层、深入群众，同时指出了调研应着重的内容：既要调查机关，又要调查基层；既要调查干部，又要调查群众；既要解剖典型，又要了解全局；既要到工作局面好和先进的地方去总结经验，又要到困难较多、情况复杂、矛盾尖锐的地方去研究问题。基层、群众、重要典型和困难复杂的地方，应成为调研重点，要花更多时间去了解和研究。只有这样去调查研究，才能获得在办公室难以听到、不易看到和意想不到的新情况，找出解决问题的新视角、新思路和新对策。

第三，调研要有标准可循。习近平总书记强调，调研工作要务求"深、实、细、准、效"。"准"和"效"是针对调研结果而言的，"深""实"和"细"是针对调研过程而言的。

党员干部调研要"深"，就是要真正深入群众，了解基层各方面的问题；要“实”，就是要求实务实，不搞花架子、形式主义、官僚主义，做到“听实话、摸实情，办实事”；要“细”，即认真、仔细，善于从细节中发现问题，能够听取各方面的意见，透过现象看本质。

调研工作只有做到“深”“实”“细”，才能真正了解群众的需求，成为群众的贴心人。党员陈慧丽就是一位善于做老百姓贴心人的基层干部，她在武汉市江岸区政务中心工作，职责是为居民办理国有土地使用证。在一次报告会中，她讲述了这么一则往事。

记得十年前的夏天，天气特别炎热，一位老人冒着酷暑来办证，办证需要的资料却没有带过来，我就掰着指头告诉他要准备哪些资料，以免再跑冤枉路。可是，第二天老人又把一份“凭证”忘在了家里。面对大汗淋漓的老人，我觉得好像自己做错了事，马上给老人倒了一杯水，说了一声对不起，并找了一张纸条，一五一十地写上办证所需的资料，让他照着纸条准备资料，又在纸条上写上我的手机号码，并叮嘱他，如果还有什么事不明白，可随时给我打电话。老人后来只跑了一趟，就把证办好了。老人拿着纸条对我说：“多亏你想得周到，要不是小纸条提醒我，我又得跑冤枉路。”

这件事对我启发很大，写张小纸条，既方便了办事群众又提高了我们的工作效率。从那以后，我就开始为老百姓写提醒纸条，为办证群众指路。

陈慧丽递出的是一张小纸条，收获的却是一位老人的信任。为何她能比别人多想到一个小举动？根本原因就在于她的细心，能与老百姓平行思考。

要想成为群众的贴心人和依靠，必须把群众放在心中最高位置，站在群众的角度想问题、办事情，想群众之所想，急群众之所急，应群众之所呼，行群众之所需，达群众之所愿。

把别人敷衍的事情干好

要沉下心来干工作，心无旁骛钻业务，干一行、爱一行、精一行。要信念如磐、意志如铁、勇往直前，遇到挫折撑得住，关键时刻顶得住，扛得了重活，打得了硬仗，经得住磨难，勤勤恳恳、任劳任怨，不图名、不图利，专心致志做好工作。

——2018 年 7 月 3 日，习近平在全国组织工作会议上的讲话

注重培养专业作风、专业精神，引导广大干部坚持理论联系实际，干一行爱一行、钻一行精一行、管一行像一行。

——《关于进一步激励广大干部新时代新担当新作为的意见》

年终，公司要求所有员工都交一份年终总结。近千名员工，只有他这个入职公司才一年的“新人”认真对待这件事。同事笑他傻，说：“网上随便找一篇，修改一下，交差得了。谁像你这么较真啊！你以为老板有时间看完所有人的总结吗?”他却继续“傻”，熬了几个通宵，做出了一份如同时尚杂志一样的 PPT 总结，把自己一年的心得、认为的公司不足之处以及对公司的建议都报上去了。

几天后，公司老总找他谈话，对他说：“从你的年终总结看出来，你工作认真，对公司的观察也很细致、客观，难得的是，在很多人都敷衍了事的小事上，你也能用心思考，认真对待。我觉得公司可能有更适合你的岗位，你觉得呢?”

他换了个岗位，升职了，其他同事都觉得他运气好。

上述故事中的“他”能够得到公司老总的赏识，真的只是因为“运气好”吗？显然不是。根本原因在于：当别人都敷衍时，他选择了认真。

任何事情，但凡去做了，以认真的态度去做，结果总会好过不认真的态度。特别是当别人都敷衍的时候，你的认真就更是难能可贵，而且往往会带来超预期的回报。

提起祖国西南边陲上的“秘境”独龙江，绕不开一个人——高德荣。这里的人习惯叫他“老县长”。2015 年 2 月，中央组织部授予高德荣“全国优秀共产党员”称号，以表彰他对党忠诚、为民尽职、敢于担当、善于作为、攻坚克难、奋勇拼搏、淡泊名利、甘于奉献的高尚情操。

独龙江是我国人口较少的少数民族之一——独龙族的聚居区，这里地处峡谷，自然条件十分恶劣，一年有半年大雪封山，这里“可吃的东西不多，吃人的东西挺多”，交通闭塞，基础设施落后，发展迟缓。

为了建设一条独龙族同胞的生命通道、发展通道、幸福通道，曾经当过贡山县县长的高德荣数十年如一日地扎根在这里，一直奋斗，直到“盯着”独龙江隧道最后一千米贯通。2014 年 4 月 10 日，独龙江公路隧道全线贯通，独龙族人民从此告别了一年有半年大雪封山的历史。

高德荣把群众放在心坎里，却从不让家人亲属沾半点“县长”的光。“儿子毕业后考公务员，三年才考上——彼时他正是一县之长；女儿单位集资房十万多元，从银行借了十万元，十年才还完——但他不要组织上安排的房产，补贴也不拿；女婿怒文军本是乡村教师，自己努力考进了县档案局——他是半年多后才知道的；儿子、女儿的婚礼，没请一个父亲的同事朋友——女儿结婚时他的司机都不知道。”《人民日报》记者报道说。

高德荣心系独龙江，被称为“长”在群众中的老县长、“长”在独龙江的老县长。怀着对党和人民事业的满腔热情，他积极为教育奔波、为环保呼吁、为乡亲们解困，带领广大党员干部群众摆脱贫困、找出路、谋发展、求繁荣。曾经五赴独龙江深入调研的时任云南省委书记李纪恒感叹：如果以前有人问我，这里是什么地方？我会说是让人流泪的地方；今天你再问我，我答是“人间天堂”独龙江！

高德荣“不忘初心、牢记使命”，始终不忘党员的第一身份、第一责任，把党的温暖送到了每一位群众的心坎上，是新时代共产党员的优秀代表，是践行群众路线的典范。

说到底，“把别人敷衍的事干好”这种超预期的服务精神，是党员干部心中“四有”的体现。有一本名叫《超预期》的书，讲述了一个道理：只有超越用户的期望，一个企业才可能获得成功。这一道理同样适用于党员干部。若把群众看成用户，可以说，只有党员干部的服务和奉献超越“用户”的期望，党员干部才有可能获得“超预期”的成功。当然，“成功”不一定表现为升职或其他物质层面的回报，也可能是群众的口碑相传、媒体的报道或者上级的表彰等精神嘉奖。然而，对于人民公仆来说，来自人民群众的认可不正是对他做事的最大肯定吗？

站位高、看得远、想得深，才能抓得准、办得妥

做到科学决策，首先要有战略眼光，看得远、想得深。领导干部想问题、作决策，一定要对国之大者心中有数，多打大算盘、算大账，少打小算盘、算小账，善于把地区和部门的工作融入党和国家事业大棋局，做到既为一域争光、更为全局添彩。

——2020 年 10 月 10 日，习近平在中央党校（国家行政学院）中青年干部培训班开班式上发表重要讲话强调

对个人的名誉、地位、利益，要想得透、看得淡。

——2015 年 1 月 12 日，习近平在中央党校县委书记研修班学员座谈会上的讲话

北宋有个官员叫孙冕。孙冕任海州（今江苏连云港）知府时，听说发运使要在海州建立三个盐场，坚决反对。百姓认为机会难得，纷纷找他陈述设立盐场的好处。他解释说：“汝愚民，不知远计。官买盐虽有近利，官盐患在不售，不患盐不足。盐多而不售，遗患在三十年后。”

孙冕离任后，海州很快建起三个盐场。几十年后，当地的治安、刑事案件数量上升，徭役赋税比以前大大增多，而且出于各种原因，三大

盐场库存积压严重，很多商户破产，当地官民这才开始明白孙冕当时的警示。

孙冕知道从长远来看建盐场弊大于利，他能够摒弃私心，不贪百姓一时的称颂、支持，也不贪一时的经济利益。而在他之后继任的官员既没有这种高屋建瓴的认识，又贪图一时名利，错误施政，贻害无穷。

广大党员干部要想保证所做的事情是对的，必须站在高处以长远眼光看问题。一定要超越原本的狭隘观念，超越私心，勇于做出对的选择。

“人民群众的眼睛是雪亮的。”一名干部是好是坏，不能仅从一时一事去评判，而要经过时间的淘洗后再去评品。习近平所说的“从政的整个过程之中，不要把个人的发展、升迁作为志在必得的东西”①，从某种程度上而言，也含有党员干部要跳出自我局限的意思。

《大众日报》2018 年 1 月 4 日报道了山东省“提高站位、对表中央、对标未来、转换思维、谋求新发展”的思路和取得的优异成绩。

在习近平总书记治国理政的大棋盘上，“在全面建成小康社会进程中走在前列”，实现凤凰涅槃、腾笼换鸟，发挥“领头雁”“火车头”作用，是习近平总书记对山东这个沿海大省的定位和要求。面对习近平总书记的嘱托、人民的期盼、经济社会发展的新要求，2017 年 6 月，擘画山东未来的省第十一次党代会作出响亮回答：把走在前列作为长期坚持的目标定位和根本要求，贯穿党的建设和经济社会发展全过程、各方面，并郑重提出：发展思路按照走在前列来谋划，发展布局围绕走在前列来展开，发展举措聚焦走在前列来制定，发展成效依据走在前列来衡量。

此前，沿海大省广东、江苏、山东、浙江之间你追我赶的经济竞争

① 本书编委会编著：《坚定不移反对腐败的思想指南和行动纲领》，人民出版社 2018 年版，第 223 页。

一直引人注目。进入新时代，全国四强粤、苏、鲁、浙也从过去的“GDP 争霸赛”进入了“不看总量看质量、不重速度重效益”的新阶段。从这个视角审视山东经济发展，能源经济体量大、传统制造业重化工业占比高的量之优势，就成了质量效益劣势。总量大，能耗也高，环境压力更大；2016 年山东以 6.7 万亿元的生产总值，仅创造了 5860 亿元的地方一般公共预算收入，质量效益远低于先进省份。面对大而不强的现实，山东经济发展需要面对的转型之痛更深，转型任务更重。

着眼实现高质量发展，山东紧扣供给侧结构性改革这条主线，作出加快新旧动能转换的部署，使之成为统领经济社会发展的重大工程。对传统产业进行“有中出新”的颠覆性改造，对“四新”动力进行“无中生有”式培育，新旧动能转换的总体方案初步谋定并报中央批准。这将推动山东冲出几十年形成的传统路径依赖，将打破困扰山东多年的“资源魔咒”，为山东开创一条依靠“四新”谋发展的新路径。

观念一转，地阔天宽。党员干部站位高一些，看得远一些，想得深一些，抓得准一些，就会开创出全新的天地和局面。可以想见，随着“十四五”规划和 2035 年远景目标的开启、推进和实施，越来越多的地区、部门将会涌现出更多的创新、创造，将会开创出更多欣欣向荣的新局面。

千成篇

第九章

干成事

◇ 请用结果说话

◇ 不仅要善于决策，还要对决策有效管理

◇ 提高站位、贯彻目标才能干成事

◇ 急于求成、心浮气躁是干成事的最大绊脚石

请用结果说话

干事业就要有钉钉子精神，抓铁有痕、踏石留印，稳扎稳打向前走，过了一山再登一峰，跨过一沟再越一壑，不断通过化解难题开创工作新局面。

——2020 年 10 月 10 日，习近平在中央党校（国家行政学院）中青年干部培训班开班式上发表重要讲话强调

最重要的是要抓好落实，言必行、行必果。我们说了不是白说，说了就必须做到，把文件上写的内容一一落到实处。

——2012 年 12 月 4 日，习近平在中央政治局会议上关于改进作风、密切联系群众的讲话

“现代管理学之父”彼得·德鲁克有一句经典名言：“管理是一种实践，其本质不在于‘知’而在于‘行’，其验证不在于逻辑，而在于成果。”

“用结果说话”“请给我结果”是任何一个组织都信奉的管理、用人哲学。

中国互联网企业“巨头”阿里巴巴的创始人马云曾对阿里巴巴员工提过一个问题：“公司请你来是做什么的？”他的回答如下：

请你来是解决问题而不是制造问题的；

如果你不能发现问题或解决不了问题，你本人就是一个问题；

你能解决多大的问题，你就坐多高的位子；

你能解决多少问题，你就能拿多少薪水；

让解决问题的人高升，让制造问题的人让位，让抱怨问题的人下课。

马云说：“阿里信奉给结果付钱（奖），给努力鼓掌（励）。奖金是靠努力挣出来的，是需要超越公司对你的期待才能获得。当然对那些努力了但没有结果的同事，我们会给以鼓掌激励。”

在奖金发放方面，阿里巴巴一向以结果为导向。干出成绩，必定有奖金。干了却没有成绩，即结果不尽如人意，年度奖金、红包就会取消。2015 年春节，马云就没有给全员发红包，在致员工信中，他是这么解释的：“不发红包的原因就是今年阿里巴巴集团并没有取得特别成绩，也没有特别惊喜。（2014 年）上市成功不应该是一个惊喜，这是阿里巴巴全体员工 15 年努力的结果，执行团队的努力和我们天时地利的运气。”

正因为坚持以结果为导向，用结果说话，以成绩论英雄，阿里巴巴才有今天的成功。

当今社会，无论是在企业工作，还是在党政机关任职，都必须创造价值。不创造价值的人，就是无用之人，终会被淘汰。2020 年 10 月 14 日，习近平总书记在深圳经济特区建立 40 周年庆祝大会上的讲话中着重指出：“要建立健全激励机制，推动形成能者上、优者奖、庸者下、劣者汰的正确导向，为改革者负责、为担当者担当，激发党员、干部干事创业的热情和劲头。”

以结果为导向的干事原则，要求党员干部在日常工作中，必须培养两种思维：一是行动思维，二是结果思维。行动思维即要有行动力，第一时间将党中央的路线、方针、政策付诸贯彻、落实、执行。没有行动，一切都是空谈。清代文人彭端淑在其所著《为学一首示子侄》一书中讲过这么一则故事。

蜀之鄙有二僧，其一贫，其一富。贫者语于富者曰：“吾欲之南海，何如?”富者曰：“子何恃而往?”曰：“吾一瓶一钵足矣。”富者曰：“吾数年来欲买舟而下，犹未能也。子何恃而往?”越明年，贫者自南海还，以告富者。富者有惭色。

穷和尚和富人都想走一趟南海，富人计划了好几年都未成形，穷和尚带着一个水瓶一个饭钵就出发了。不同的结果并非因为穷和尚的条件比富人的好，而在于前者有行动力，而富和尚犹豫不决，缺乏行动。

《荀子·修身》篇中有这样一句话：“道虽迩，不行不至；事虽小，不为不成。”意思是，如果迈不出脚步，道路虽近也不能到达目的地，事情虽易也无法办成。结果不是靠想出来的，必须由行动造就。所以说，行动思维是追求结果必须具备的第一思维。

行动要有成效。结果思维的要义在于，做事不要满足于“做了”“做完”，而要追求“做到”“做成”“做好”“做精”。

2019年1月16日至18日，习近平总书记在京津冀考察。五年前的2月26日，他主持召开京津冀协同发展座谈会并发表重要讲话，京津冀协同发展上升为国家战略。五年时间里，三地联合行动，协调推进，在稳妥有序疏解北京非首都功能、高质量高标准推动雄安新区规划建设、北京城市副中心规划建设、生态环境联建联防联治、基本公共服务共建共享、京津对口帮扶机制建立并推进六大方面做了大量基础性、奠基性工作。总书记在考察座谈中讲到，过去的五年，京津冀协同发展总体上处于谋思路、打基础、寻突破的阶段，当前和今后一个时期进入滚石上山、爬坡过坎、攻坚克难的关键阶段，需要下更大气力推进工作。

2020年10月，北京市出台《关于建立更加有效的区域协调发展新机制的实施方案》，根据实施方案提出的目标，到2020年将初步形成京津冀协同发展的新局面；到2035年，京津冀世界级城市群构架基本形成。实施方案的出台，标志着京津冀协同发展将迈向全新时代。

习近平总书记用“如同一朵花上的花瓣，瓣瓣不同，却瓣瓣同心”形容京津冀协同发展：三个省市如同三个美丽花瓣，各有姿彩，瓣瓣不同；却又并蒂相生，瓣瓣同心，互为映衬。五年时间，既站在千年大计历史视野中擘画发展，又以实际行动快速推进，协同作战，动作连连，政策利好不断。正如2019年1月习近平总书记主持召开京津冀协同发展座谈会并发表重要讲话时指出的：要从全局的高度和更长远的考虑来认识和做好京津冀协同发展工作，增强协同发展的自觉性、主动性、创造性，保持历史耐心和战略定力，稳扎稳打，勇于担当，敢于创新，善作善成，下更大气力推动京津冀协同发展取得新的更大进展。从他的讲话中，我们能够想象得到未来的京津冀会是怎样一派大美景象。

不仅要善于决策，还要对决策有效管理

年轻干部要提高科学决策能力。做到科学决策，首先要有战略眼光，看得远、想得深。……要深入研究、综合分析，看事情是否值得做、是否符合实际等，全面权衡，科学决断。作决策一定要开展可行性研究，多方听取意见，综合评判，科学取舍，使决策符合实际情况。

——2020 年 10 月 10 日，习近平在中央党校（国家行政学院）中青年干部培训班开班式上发表重要讲话强调

2012 年 12 月 4 日，习近平总书记在中央政治局会议上关于改进作风、密切联系群众的讲话中指出："规定就是规定，不加'试行'两字，就是要表明一个坚决的态度，表明这个规定是刚性的。"试行"给人感觉是不是还有点含糊。就先按这个规定去做，做了以后真正推开了，一两年后再完善。中央纪委有那么多规定，不也就规定下去了。反正要不断去约束。最重要的是要抓好落实，言必行、行必果。"①

某些党政机关在做决策、下达文件和指令时，习惯加上"试行"两个字。针对这种情况，2012 年 12 月 4 日，习近平总书记在中央政治局会议上发表了上述讲话。从"规定就是规定""抓好落实，言必行、行必果"首尾两句话来看，习近平总书记意在强调党员干部要具备决

① 中共中央纪律检查委员会、中共中央文献研究室编：《习近平关于党风廉政建设和反腐败斗争论述摘编》，中国方正出版社、中央文献出版社 2015 年版，第 68 页。

策力，敢下决策，抓好决策，抓出实效。“试行”给人感觉态度含混，不够鲜明，缺乏担当。

不敢果断下决策，是因为制定“试行”规定的人不能完全肯定制定的决策是对是错，执行下去会不会有不同意见甚至反对声音，贯彻落实的阻力有多大，于是“圆滑”地采用了“试行”的说辞。这种做事之道不仅反映了有的领导干部怕担责的心态，而且这种模棱两可的决策会造成政策、指令执行不畅，难以贯彻到底等问题。

西方决策理论学派代表人物、诺贝尔经济学奖获得者赫伯特·西蒙指出：“管理就是决策，决策是管理的核心。”没有好决策就没有好管理，也就没有好领导。反之，一个好决策则可以引领一个组织的所有成员在一个正确的方向上共同努力，达成既定目标。就广大党员干部而言，领导群众、组织群众、服务群众无疑是最核心的工作。要把工作做好，为官一任，造福一方，必须敢于决策，善于决策，还要对决策进行有效管理，莫使决策成为空头文件。

提高决策力，关键在领导。领导干部，特别是“一把手”，首先必须树立领导者的意识，勇于负责，敢于担当，善于作为，对于正确的事情，果敢做决定并坚决贯彻落实到底。

提高决策力，保证决策效果，领导干部须从三方面着手。

第一，通过学习为做决策打好基础。唯有加强学习，用习近平新时代中国特色社会主义思想武装头脑，党员干部才能不断巩固自身党性，保持党的纯洁性，才能在大方向上保证决策的正确。坚持学习，树立宽广的视野，党员干部才能在格局上保证战略的正确，在方法上保证决策的可行。通过学习，了解更多的新知识、新技术、新方法，党员干部才能提高工作创新的能力，做到“举事有新意、谋事有新法”。

第二，以调查研究保证决策科学。“没有调查，就没有发言权”，调查研究是我们了解事实、做出正确决策的前提。可以说，没有深入广泛调查研究的决策大都属于乱决策、乱干事。

2015 年 3 月 23 日，体育总局举行发布会，声称将在全国推广“标准广场舞”。之后，民间就出现了大妈们不同的质疑声。《华商报》2015年3月25日一篇题为《体育总局将推标准广场舞 被指未做调研“太任性”》的文章中描述了几位大妈的声音：

“广场舞跳啥，他们也要管呀!”

“我们想跳自己的广场舞，还行不?”

“我在网上看到那个官方版《小苹果》健身操，完全就是广播体操么，感觉不适合中老年人跳。广场舞的精髓就在于随性，我们平时跳舞时经常有很多市民、游客都参与其中。可如今非要把动作都弄得一模一样，有什么意思？而且那根本就不是舞蹈，完全就是规定的机械动作，太难看了。”

有位大妈甚至说：“如果真要跳那个，我宁愿退出坚持3年的广场舞。”

面对群众“硬性统一”的质疑，国家体育总局群体司司长刘国永做出了回应，称推行12套“标准”广场健身操舞，只是给大妈们参考，并没有硬性要求以后广场舞只能跳这12套。

一面说这是“标准”，另一面却说不会强制执行，只是“参考”，这种决策就属于习近平总书记批评的“试行”式规定。从群众的反应来看，该标准并不受欢迎。为什么呢？正是因为做决策的有关领导干部事前没有做好调研。广场舞自一开始就是民间自发形成，在无形中已经演变成自由、随性的模式，大妈们跳什么、跟谁学其实都有她们的“老师”在指导，不需要外部过多干预。正如《华商报》上述评论文章所言，体育总局不过是在“未做调研”的情况下“任性”地做了一件事，而且是一件只能“仅供参考”的事情。

没有调查，就没有发言权。调查实践是党员干部了解事实，做出正确决策的前提。可以说，没有深入广泛调查研究的决策都属于乱决策、乱干事。轻率决策是一种不负责任的行为。要想真正提高决策水平，必须深入基层、广泛接触利害相关方，了解实际情况，在此基础上思考、论证、谋划，再民主集中和科学决策。习近平在《之江新语》中提到调研、决策“五字工作法”，即“深、实、细、准、效”，值得广大党员干部好好体悟。

第三，以民主集中的决策方式提高决策力。党员干部无论做任何决策，宗旨都是为百姓谋福祉，因此在决策中一定要积极听取各方意见，包括本部门、下级部门以及人民群众的想法和建议。只有听取多方意见，汇聚集体的智慧，党员干部才能做出最好的决策。反之，若搞“一言堂”“一支笔乱批条子”的个人独断，就容易导致决策出现偏差。

还是以北京市委、市政府在全市推行的“街乡吹哨、部门报到”改革为例。

第一声哨：响起在北京平谷区金海湖畔。由于金海湖镇盗挖猖獗，在导致重大安全事故后，当地政府痛定思痛，痛下决心，经过深入调研、详细论证，针对多部门联合执法时，因条块分割、管理分散，常常出现“你来他不来”“腰来腿不来”的状况，积极作为，推出乡镇一“吹哨”，16 个执法部门必须在 30 分钟内响应，随叫随到的权力重组改革。很快，盗挖盗采这个一度猖獗的违法行为终于得到根治。

2017 年，平谷区委区政府在“沙盘推演”的基础上，不断改善、优化，将联合执法成效提炼为“乡镇吹哨、部门报到”制度，并在平谷区遍地开花。

第二声哨：平谷探索出的经验，很快便放到了市委主要领导同志的桌上。这为北京市委破解基层治理难题提供了非常宝贵的基层经验。

北京市委、市政府领导一直在基层调研，探索基层治理的最佳方式。仅东城区，中共中央政治局委员、北京市委书记蔡奇就去了 33 次，大街胡同都走遍了，为了解决王府井南口的堵车问题，亲自召开协调会。

北京市委、市政府提炼基层经验，将“乡镇吹哨、部门报到”升级为“街乡吹哨、部门报到”，写入 2018 年的北京市政府工作报告，将其作为 2018 年全市“1 号改革课题”，向 16 个区选点推广。随后，北京市出台《关于党建引领街乡管理体制机制创新实现“街乡吹哨、部门报到”的实施方案》。

第三声哨：从 2018 年初开始，便在 169 个街乡同时启动试点。遇到急事、难事，属地街乡吹响“哨声”，职能部门就要应声而到，形成合力推动问题解决，事不完，人不撤。

街乡可以吹响的有三种“哨声”，分别是综合执法哨、重点工作哨和应急处置哨。而各部门的“报到”，则是向基层报到、向一线报到、向群众报到，树立到一线解决问题的导向，围着问题转、围着群众转，形成解决问题的合力。

第四声哨：2018 年 11 月 14 日，习近平总书记主持召开的中央全面深化改革委员会第五次会议上，审议通过了《“街乡吹哨、部门报到”——北京市推进党建引领基层治理体制机制创新的探索》。会议指出，推动社会治理重心向基层下移、把基层党组织建设成为领导基层治理的坚强战斗堡垒，是党的十九大提出的重要任务。北京市委以“街乡吹哨、部门报到”改革为抓手，积极探索党建引领基层治理体制机制创新，聚焦办好群众家门口事，打通抓落实“最后一公里”，形成行之有效的做法。

第五声哨：北京市继续推进“吹哨报到”向社区延伸。以健全完善机制为突破口，激活社区这个“神经末梢”；厘清部门、街道、社区职责权限，明确职责清单，严格社区工作准入，进一步为社区减负。

以一场声势浩大的改革，以一种行之有效的方式，北京正在打通“最后一公里”。

（摘编自《人民日报（海外版）》2018 年 12 月 21 日）

从乡镇一起事件引发一场改革，不断调研、论证、试行、沙盘推演、上报，再调研、再论证、再试行，不断优化、提升、推广，中央最高层研究、决策，再一步步推广、深化。仅中央政治局委员、北京市委书记蔡奇下东城区调研，就达 33 次，走遍了大街胡同。一项真正的便民改革，需要付出怎样的努力？为了打通服务群众的“最后一公里”，各级党员干部、领导同志要跑多少公里？正如蔡奇对记者所说，“街乡吹哨、部门报到”的核心是坚持党建引领，着力形成到基层一线解决问题的导向，走好新时期的群众路线。

决策不是个人的私事，任何大小决策归根结底都与群众利益有关，因此，一定要扩大决策的民主性。特别是在一些与群众利益密切相关的重大事情上，更要坚持从人民群众的意见出发，以民意为决策的基本依据之一。

计划不如变化快。落实决策的过程中有时难免会遇到新问题，如果没有及时建立相应的监管机制和反馈机制，就会导致问题出现时措手不及。因此，必须有效管理决策，可从三方面去做：一是强化流程，尽可能使执行者提升执行效果，保证决策不走样；二是建立通畅的监管、反馈机制，及时把握执行进程，随机应变，保证决策的灵活性、有效性；三是建立纠偏机制，即允许组织管理者调整、优化、提升机制，确保决策能够顺应环境和时势变化，贯彻落实到位，达到预期效果。

提高站位、贯彻目标才能干成事

全党同志要跟上时代步伐，不能身子进了新时代，思想还停留在过去，看问题、作决策、推工作还是老观念、老套路、老办法。这样的话，不仅会跟不上时代、做不好工作，而且会贻误时机、耽误工作。这个问题必须引起全党同志特别是各级领导干部高度重视。与时俱进不要当口号喊，要真正落实到思想和行动上，不能做“不知有汉，无论魏晋”的桃花源中人！

——2020年1月8日，习近平在“不忘初心、牢记使命”主题教育总结大会上的讲话

我们既要坚定走中国特色社会主义道路的信念，也要胸怀共产主义的崇高理想，矢志不移贯彻执行党在社会主义初级阶段的基本路线和基本纲领，做好当前每一项工作。

——2013年1月5日，习近平在新进中央委员会的委员、候补委员学习贯彻党的十八大精神研讨班上的讲话

美国斯坦福大学曾做过一项调查：随机抽取一群年龄、条件、学历等都大体相同的人，让他们写下自己的目标。其中27%的人没有什么目标，60%的人目标模糊，10%的人有明确目标，3%的人不仅目标明确，而且能经常对照目标看自己的发展。

25年之后，再次对这群人进行调查回访，结果发现：第一种人大

多过得贫困潦倒；第二种人过得普普通通；第三种人属于某个领域的专业人士；第四种人则又比第三种人更出色，属于社会精英、团体领袖。

没有清晰方向、明确目标、高的站位，就难有大的作为、难有大的成就。一个“老掉牙”的故事讲的也是这个道理。

有人看到三个石匠在打石块，便问他们打算做什么。第一个石匠说：“我就是混口饭吃。”第二个石匠说：“我在建一座大厦。”第三个石匠说：“我要建造一座城市。”几年后，第一个石匠还在做建筑工，第二个石匠成了包工头，第三个石匠成了这个城市的市长。

要有所成就，必须有明确的方向、清晰的目标、较高的站位。我们可以学习习近平总书记和李克强总理这两位党和国家领导人在从政之初给自己的定位。习近平总书记从政之初就给自己明确了人生站位和奋斗目标：当“公仆”，做大事。李克强总理曾讲道：以我个人的经历，从读书、做事、文化熏陶中，悟出一个道理，就是“行大道、民为本、利天下”这九个字不是什么典籍的原话，是我的心得。我坚信做人要正、办事要公，才能利国利民。不难看出，习近平总书记和李克强总理都把自己定位为人民“公仆”，把为国为民当成自己的人生和事业追求。

党员干部的定位就是以人民为中心，全心全意为人民服务。如果党员干部能够切实循着这一人生立场去干事，切实造福于民，他必定会获得相应的“地位”。这个“地位”可能表现在岗位上，也可能体现在人民群众心中的位置。

当然，要干成大事业，光靠树立目标是不够的，必须拿出行动，要有实干、真干精神，最重要的是能够坚持理想信念，不忘初心，牢记使命，把目标贯彻到底。

地处山西省西北部的右玉县，距离毛乌素沙漠仅100公里，历史上这里是天然的大风口。60多年前，这里土地沙化，可种植面积越来越少，沙尘暴是家常便饭。但是如今，这里却是满眼绿色，为何会发生这种翻天覆地的变化呢?

1949年6月，刚刚30出头的张荣怀出任右玉县第一任县委书记。当他发现这里的土地沙化严重、粮食产量越来越少后，立即做出了搞绿化的决定。自此，一场长达60多年的“绿化战役”开始了。从张荣怀开始，之后到右玉县任县委书记的干部都坚持植树造林。在右玉县委领导以及右玉群众锲而不舍的努力下，如今，右玉森林覆盖率由最初的0.3%提高到50%，90%的沙化土地重焕生机。

18任县委书记60多年对绿化政策不折不扣、近乎“偏执”地贯彻，将右玉县由沙漠变为绿洲。试想，其间若是有任何一位县委书记没有贯彻张荣怀制定的绿化目标，这场接力赛就会中断，右玉县也不会有今天的面貌。

习近平曾在《成功之道在于锲而不舍》一文中说：“浙江目前的成就，不是一蹴而就的，是历届省委、省政府和广大干部群众长期工作积累的效应。十月怀胎，才能一朝分娩。我们要饮水思源，与时俱进，要像接力赛跑那样一棒一棒地接下去。”①

要想干成事，不但要有人生站位、理想方向、奋斗目标，还要坚定地付诸行动，知重负重，持之以恒，奋发有为，全力贯彻，不达目标誓不罢休。广大党员干部不仅要靠个人努力奋斗，还要把奋斗融入党的发展、国家的建设、人民的幸福这个阳关大道上。唯此，才能站在更高的平台，走在更宽的道路，激发出更大的潜力，创造出更大的价值。

① 习近平：《之江新语》，浙江人民出版社2007年版，第35页。

急于求成、心浮气躁是干成事的最大绊脚石

我们正处在大有可为的新时代。年轻干部要起而行之、勇挑重担，积极投身新时代中国特色社会主义伟大实践，经风雨、见世面，真刀真枪锤炼能力，以过硬本领展现作为、不辱使命。各级党组织要有针对性地加强对年轻干部的思想淬炼、政治历练、实践锻炼、专业训练，明确培养年轻干部的正确途径，坚决克服干部培养中的形式主义，帮助他们提高解决实际问题能力，让他们更好肩负起新时代的职责和使命。

——2020 年 10 月 10 日，习近平在中央党校（国家行政学院）中青年干部培训班开班式上发表重要讲话指出

干部成长无捷径可走，经风雨、见世面才能壮筋骨、长才干。要做起而行之的行动者、不做坐而论道的清谈客，当攻坚克难的奋斗者、不当怕见风雨的泥菩萨，在摸爬滚打中增长才干，在层层历练中积累经验。

——2019 年 3 月 1 日，习近平在中央党校（国家行政学院）中青年干部培训班开班式上的讲话

中国台湾地区作家刘墉曾写过一则教育女儿的故事：

一天，刘墉和女儿浇花。女儿一心想着出去玩，马马虎虎浇完就要走开。刘墉叫住她，把俩人浇的花都连根拔出来给她看，问她有什么不同。女儿的脸顿时红了：爸爸浇的水都浸透到了花的根部，而自己浇的，根部没有湿，水只停留在表面的泥土中。

刘墉对女儿说：做事不能光做表面功夫，一定要做彻底、做到根上。

人一旦浮躁，做事就难以行动落地，把事情做到“根”上，容易违背规律，脱离实际，做无用功；而且，浮躁之人总是心猿意马，很难坚持到底。人为什么会浮躁？就是因为缺乏定力，急于求成。

“治乱绳，不可急。”急于求成是导致事情不成功的因素之一。哪怕是一件很小、很容易的事情，如果做的时候心浮气躁、急于求成，最终也会做不好、做不成。很多党员干部身处基层，在一线为群众服务，工作琐碎、繁重、压力大，晋升空间有限。如果急于求成，功利心太强，则守不住清贫，耐不住寂寞。在这种情况下，有的可能会选择走“捷径”来达到调动或者晋升的目的；有的则可能逐渐失去干事热情，早早进入“职业倦怠”期，乃至抛却初心，浑浑噩噩对待工作；有的干脆放弃最初的理想，改投他路，转换职业跑道。人各有志，最后一种情况当然无可厚非，但如果继续选择走从政之路，就需要调整心态，提升热情，改变现状。否则，不仅不能取得进步，反而会在庸庸碌碌中消耗生命。

党员干部要干成事，一定要改变急于求成、心浮气躁的心态。

第一，要培养“人但有恒，事无不成”的认知。“人但有恒，事无不成”这句话出自清朝名臣曾国藩。一个人要想干成事，必须持之以恒。

曾有人问苏格拉底如何才能成为伟人，苏格拉底告诉他：先每天坚持把手抬起再放下，反复30次。1周后剩下80%的人坚持，1个月后只有40%的人还在坚持，半年后只有10%的人了，1年后就剩下1个人，这个人就是柏拉图——古代希腊伟大的哲学家之一。

党员干部要干成一件事，特别是一项艰难任务，需有持之以恒、坚韧不拔的精神。在同一方向上用力，才能集中最大的力量攻破难点，获得成功。习近平在《摆脱贫困》一书中谈道："为群众办实事，要扎扎实实，坚持不懈，久久为功。人民群众是最实在的，他们不但要听你说得如何，更要看你做得如何。不光要听'唱功'，而且要看'做功'。"① 党员干部的"做功"就体现在能否坚持不懈、持之以恒、滴水石穿、久久为功上。

第二，要耐得住寂寞。习近平总书记指出，领导干部干干净净干事，就是要守得住清贫、耐得住寂寞、稳得住心神、经得住考验……就是要有强烈的事业心和高度的责任感，想干事、肯干事、能干事、干成事，为工作尽心尽力、尽职尽责、忘我奉献，真正做到为党和人民的事业鞠躬尽瘁。

要干成事，党员干部一定要熬得住艰苦，守得住清贫，耐得住寂寞，自觉地多一些自律，少一些攀比；多一份沉静，少一点浮躁；多一些勤勉，少一些敷衍；多一些尽心尽力，少一些患得患失。这需要有少打"小算盘"、多算"大账""总账"的格局和智慧。

第三，要有吃苦的勇气。急于求成、心浮气躁者在困苦艰难面前往往没有坚持的毅力，一遇到难题、危险就退缩，很难干成事。能够在艰苦、寂寞乃至险恶的环境中坚持下来，是新时代党员干部，尤其是基层党员干部和贫困地区党员干部，成长、成功、成就的必要条件。

金一南将军用了整整15年时间，深入研读了不下500本书，整理了300多万字的笔记，著就《苦难辉煌》一书。

在书中，为了能够对一次会议、一个人物、一个事件做出准确、客

① 习近平：《摆脱贫困》，福建人民出版社1992年版，第14页。

观的判断，金一南对影响中国政治走向的中国共产党、中国国民党、苏联和共产国际、日本军阀等政治力量，分别整理出长达 30 年的大事年表。按照这张表，他对同一时期这几大力量的战略决策、部署行动，进行反复的比较。据说，他常常提着一壶开水，背着几个馒头，在图书馆一坐就是一天。

《苦难辉煌》记录了 20 世纪二三十年代中国社会错综复杂、恢宏壮阔的历史进程，全景式的揭示和剖析，展现了老一辈无产阶级革命家在极其困难的环境下，建立红色政权、率领红军进行战略转移的伟大壮举，展现了中国共产党领导人民进行革命战争的正义、艰辛和伟大。

同时，这本巨著也展现了金一南 15 年的“苦难”和“辉煌”。

习近平总书记号召年轻干部，要到重大斗争中去真刀真枪干，要经风雨、见世面、摸爬滚打，层层历练，积累经验，才能壮筋骨、长才干。2019 年 3 月 3 日起正式施行的《党政领导干部选拔任用工作条例》也提出了鲜明的用人导向：

树立注重基层和实践的导向，大力选拔敢于负责、勇于担当、善于作为、实绩突出的干部。

…… ……

党政领导干部必须信念坚定、为民服务、勤政务实、敢于担当、清正廉洁，具备下列基本条件：

…… ……

正确行使人民赋予的权力，坚持原则，敢抓敢管，依法办事，以身作则，艰苦朴素，勤俭节约，坚持党的群众路线，密切联系群众，自觉接受党和群众的批评、监督，加强道德修养，讲党性、重品行、作表率，带头践行社会主义核心价值观，廉洁从政、廉洁用权、廉洁修身、廉洁齐家，做到自重自省自警自励，反对形式主义、官僚主义、享乐主义和奢靡之风，反对任何滥用职权、谋求私利的行为；

…… ……

最后，要树立追求卓越的心态。

世界上最伟大的营销员乔·吉拉德是一个很注重形象的人。乔·吉拉德有时会在半夜接到客户电话，当他睡眼蒙胧拿过电话后，会跟客户说：“请您稍等。”放下电话后，他把睡衣换成整整齐齐的西装，又系上领带，穿上皮鞋，系好鞋带，然后才拿起电话回拨给对方。乔·吉拉德的助手问他：“客户并不知道你穿睡衣跟他通话，你何必多此一举呢?”乔·吉拉德说：“我知道自己正穿着睡衣，我也明白对方在听我电话的时候会感受到我的声音、我的态度，从而觉察到我的形象。”

以最好的形象展示给客户，即便客户看不到，也能感觉到——正是因为秉持敬业、专业、职业的精神和不苟的态度，乔·吉拉德成了“世界上最伟大的销售员”。

宋代大哲学家朱熹曾说：“敬业者，专心致志以事其业也。”《之江新语》谈到敬业时有这样一段话：“人生不满百年，做的也就是那么些事。做一件事情，干一项工作，应该创造一流，力争优秀。”[①] 习近平总书记认为，敬业要做到“竭其力”和“乐其业”。若缺乏敬业、拼搏、奋斗精神，在工作中沉不下心、急于求成、心浮气躁，哪怕一件很小的事情也不会做好。唯有“敬”业，方能成业。

① 习近平：《之江新语》，浙江人民出版社 2007 年版，第 177 页。

第十章

会共事

◇ 懂团结是真聪明，会团结是真本领

◇ 团结他人要学会“说”和“听”

◇ 始终与人民心连心、同呼吸、共命运

◇ 团结不是“结团”，“圈子文化”“码头文化”是分裂文化

懂团结是真聪明，会团结是真本领

有句谚语说得好：“力量不在胳膊上，而在团结上。”

——2014年5月21日，习近平在亚洲相互协作与信任措施会议第四次峰会上的讲话

加强党的政治建设，目的是坚定政治信仰，强化政治领导，提高政治能力，净化政治生态，实现全党团结统一、行动一致。要以党章为根本遵循，把党章明确的党的性质和宗旨、指导思想和奋斗目标、路线和纲领落到实处。

——《中共中央关于加强党的政治建设的意见》

数年前，美国湖人队与活塞队有过一次对决赛，前者阵容豪华，有科比、奥尼尔、马龙、佩顿等巨星；后者是一支缺乏大牌明星的平民球队。人人都认为湖人队可以轻松取胜，结果却出乎意料：湖人队1∶4惨败给活塞队。

事后，有人分析总结湖人队失败的原因：巨星们争风吃醋，个个在比赛中想表现自己，马龙、佩顿等明星球员都无法融入团队。一言以蔽之，湖人队当时是一支没有团队合作精神的散队，缺乏战斗力。

个人再有能耐又如何？脱离了团队和平台，能力再强也难以充分发挥，即便发挥出来，一个人的能力也敌不过一个团队的力量。“众人拾

柴火焰高”“团结就是力量”之类的话虽是老生常谈，却是永远不过时的真理。在这个充满不确定而又复杂多变的大变局时代，完全靠个人成就事业，有些不切实际。相对于个人力量，团队力量永远是更强的，一个人唯有融入团队中才能真正干成事。VUCA（V 指 volatility，易变性，U 指 uncertainty，不确定性，C 指 complexity，复杂性，A 指 ambiguity，模糊性，用于界定当前面临的政经、文化和社会环境）时代，只有认清自我，历炼小我，融入众我，成就大我，在大我中实现自我超越和升华，才能获得持续的成长和成功。

2019 年 1 月 17 日，习近平总书记视察南开大学，并同部分师生代表亲切交流。在交流中，习近平总书记鼓励大家，要把学习的具体目标同民族复兴的宏大目标结合起来，为之而奋斗。他语重心长地对同学们说：“只有把小我融入大我，才会有海一样的胸怀，山一样的崇高。”

党员干部干事业要讲团结，要知道如何团结他人。善于借用团队的力量，更容易达成目标；善于发挥团队的力量，才可能形成合力，干出一番无愧于人生的事业。习近平早在担任浙江省委书记时就指出：“一个好的领导班子，要善于团结协作。”① 他曾用“打好团结牌”“力量不在胳膊上，而在团结上”等妙喻，来说明团结对于党员干部自身以及党的事业的重要性。他在《之江新语》一书中，对团结的力量做了生动的比喻。

在一个班子里就像是在同一条船上，开展工作就好比划船。大家同舟共济，目标一致，心往一处想，力往一处使，形成了合力，这船就能往预定的目标快速前进。如果各有各的主张，各往各的方向划船，这船只能在原地打转，不能前进半步。更有甚者，如果互相拆台，还会有翻船的危险……班子的主要负责同志，是一“船”之长，要起好把舵抓总的作用，凝聚全“船”之力，使“船”沿着正确的航道前进。班子里的其他成员要各司其职，相互配合，这样“和”然后“合”，大家团

① 习近平：《之江新语》，浙江人民出版社 2007 年版，第 254 页。

结和谐，就能形成合力。

在艰苦卓绝的革命战争年代，共产党人正是靠团结的力量，凝聚成了一道坚不可摧的牢固战线，最终取得胜利，建立了新中国。1987 年 9 月 24《人民日报》曾刊登一篇萧克关于团结的文章《团结战斗 玉汝于成——学习任弼时同志善于团结同志的领导艺术》，讲述无产阶级革命家、政治家任弼时是如何依靠团结同志、凝聚人心，带领大家走出困境。

任弼时同志善于以党的政治思想和方针政策来教育干部，按党的组织原则正确处理同志关系。

"二六军团"会师前，由于原湘鄂西的领导夏曦同志，执行第三次"左"的路线和政策，肃反扩大化，部队政治工作和政治机关遭受破坏，不少同志被错误地处理。任弼时和两军主要领导同志商量后，经中央同意，初步地批评了第三次"左"倾路线下的一些错误政策，重新使用一些同志，并且改组了原湘鄂西和二军团的领导机构，加强了二军团的政治工作和政治机关，使大家团结起来，共同执行新的战略机动，即向湘西地区出击。

……

由于任弼时同志能从政治上、战略上及时地把握大局，并教育干部认清形势，使大家能在困难中看到光明的前途，自觉地按照中央的正确方向行动，所以常能化险为夷。这是一个高级领导人能够率领千军万马，信心百倍地团结奋斗的首要条件。

讲团结是中华传统文化的优秀品质，"天时不如地利，地利不如人和""众人同心，其利断金""愿同尧舜意，所乐在人和"……这些哲语都强调了团结的重要性。讲团结也是我们党自成立以来的光荣传统，历届中央领导人都强调党内团结乃至整个民族团结的决定性意义。

邓小平曾提出一个关键问题：我们这么大一个国家，怎样才能团结起来、组织起来呢？他给出了两个思路：一靠理想，二靠纪律。

有共同的理想和目标，“志同道合”，党员干部才能拧成一股绳，在同一个方向上使劲。讲纪律，恪守党的各项规章制度，才不会偏离正确的轨道。当前，党员干部的共同理想，就是习近平总书记所说的中国梦，即实现中华民族的伟大复兴。党员干部要遵守的党的纪律，主要包括党的政治纪律、组织纪律、廉洁纪律、群众纪律、工作纪律、生活纪律这六大纪律。

新时代的党员干部，应当牢记习近平总书记“力量不在胳膊上，而在团结上”的谆谆教导，按照《中国共产党章程》《中共中央关于加强党的政治建设的意见》等党内法规和文件要求，围绕着中国梦这一共同理想，自觉遵守党的纪律，“打好团结牌”，团结一心，形成合力，共创伟业。

团结他人要学会“说”和“听”

大家都处在改革发展和生产一线，参与经济社会生活最直接，同群众联系最经常，对党的路线方针政策落地见效感知最真切，提出的意见和建议能够更加贴近基层实际、反映群众心声。……大家作了很好的发言，开门见山，直截了当，提出了许多好的意见和建议，很鲜活，很接地气，有利于我们更多了解基层情况。有关方面要认真研究、充分吸收。

——2020 年 9 月 17 日，习近平在基层代表座谈会上的讲话

我们要随时随刻倾听人民呼声、回应人民期待……不断实现好、维护好、发展好最广大人民根本利益，使发展成果更多更公平惠及全体人民，在经济社会不断发展的基础上，朝着共同富裕方向稳步前进。

——2013 年 3 月 17 日，习近平在第十二届全国人民代表大会第一次会议上的讲话

良好的人际关系在于高品质沟通。沟通能力是建立良好人际关系的前提，也是团结他人的基本“窍门”。关于沟通的重要性，在企业管理中有很多说法，“没有沟通就没有效能”“没有沟通就没有管理”“没有沟通就没有合作”……这些道理同样适用党员干部的日常工作。

党员干部要想与其他同志建立良好的工作关系，要想做好群众工作、取得群众的信任，就必须善于沟通。有良好的沟通才能提高工作效

率，合力协作，共同落实好党的路线方针政策。对于领导干部来说，良好的沟通还是领导下属、组织群众的前提，不善于沟通就很难与群众打成一片，遇到突发事件时就无法高效指挥和组织群众做好配合工作。

党员干部如何提高沟通能力呢？

第一，学会“说什么”以及“怎么说”。2014 年 3 月 23 日新华网刊登的文章《面向未来的赶考：习近平总书记指导河北省党的群众路线教育实践活动回访记》中记录了一段小插曲：

1983 年夏，河北省正定县农村，一辆吉普车陷在泥泞里。有干部见村民走了过来，便请帮着推车。不料，见是当官的，村民不仅不推，嘴上还骂骂咧咧。那位干部正要发火，一旁的新任县委书记习近平一把拉住他，说：“群众为什么骂人？应该反思我们自己。”

可以设想上述小故事的另一种结局：若非习近平制止，那位要发火的干部可能会训斥村民。最后，在“官威”的施压下，村民或许会帮忙推车。但是，这位干部会在村民心里留下什么印象呢？无疑，他高高在上的训斥并不会使村民尊敬他，反而会让村民对他心生厌恶，尽量躲得远远的。

古人云，一言可以丧邦，一言可以兴邦。党员干部当切记：伤害人民的话万万说不得。媒体就曾报道过不少官员因说“雷语”而被网友声讨，有的甚至因此被免职的典型案例。从新华网刊登的《“神回复”频出太“雷人”，网络时代官员如何“学说话”?》一文中摘选两例。

2011 年 8 月 7 日，一篇帖文引起网民关注。帖文称福建省长乐市环保局局长陈某在接听记者采访电话时称：“你也不要打我电话，一打就打局长，局长很不值钱是不是……你随便的一个群众就打我电话……”

事件后续：长乐市委发布消息称，对陈某做出停职的处理决定。

2013 年 4 月，河北省沧县当地河流因严重受污而变红，该县环保局局长邓某却称："红色的水不等于不达标的水。比如咱放上一把红小豆，煮出的饭也可能是红的，不等于不达标。"

事件后续：邓某被免职，该县已启动彻底整治预案。

"雷语"之所以"雷"，关键就在于说"雷语"的官员有着本末倒置的官僚思想，把人民群众放在自己的对立面，肆意伤害群众的感情。

党员干部应有慎言的好习惯。有时候，即便是群众先不友好，党员干部也应该主动反思自己。要知道，"话风"端正，做事才可能顺利。要想获得一个人的好感，先要赢得他的心。

那么，党员干部如何会说话、说好话呢？关键是要知道"说什么"以及"怎么说"。

在"说什么"这点上，切记工作中不说废话、假话、空话，而要说真话、实话、有用的话；对群众要说家常话、关心的话、心里话。

在"怎么说"这点上，切记工作中说话简单利索，力求清晰明了；对待同志、下属，说话时要尊重；对待上级，要不卑不亢；对待群众，要用聊天式的大白话，要有耐心。

第二，沟通中，听是很重要的一部分，沟通的最高境界是倾听，少说多听，要用心听、耐心听。著名的南非总统曼德拉曾说过这么一句话："成为一名好领导的诀窍是，在自己领导别人的同时，也让自己被别人领导。在会议上不要急着发言，最明智的领导是，说服人们做一件事，却能让他们感觉他们本就打算这么做。"

"领导者要迟点发表意见"是曼德拉一再强调的领导艺术。

"迟点发表意见"，就是善于倾听，先听，再说。对于领导者而言，倾听不仅是一种交流艺术，也是一种领导艺术、团结他人的艺术。

党员干部，尤其是领导干部，应善于倾听四种声音。

一要善于倾听不同意见。邓小平说："一个革命政党，就怕听不到人民的声音，最可怕的是鸦雀无声。"① 领导干部要想团结众人，一定

① 《邓小平文选》第2卷，人民出版社1994年版，第144—145页。

要注意倾听各方面的意见，这既能避免陷入狭隘的自我偏见乃至专横独断，又可以在下属中树立公道、正派、亲切、和善的形象，让下属感受到和气、团结的气氛。

二要善于倾听真话。俗话说："良药苦口，忠言逆耳。"真话、好话很多时候是"难听"的。有的领导干部就喜欢一些"溜须拍马"的人，而对那些敢于讲真话、道真相的下属"敬而远之"。可想而知，长此以往，必然孤家寡人，离心离德。

三要善于倾听批评意见。领导干部要知道，个人的能力、智慧是有限的，因此，党员干部要有容得下批评，特别是尖锐批评的雅量。虚心听取他人意见，才能聚集越来越多的有识之才和正直之人。

四要善于倾听群众的声音。党员干部倾听老百姓的声音，做到"问政于民、听计于民、问需于民"，才能真正贴近群众、团结群众，如同滴水归海、飞鸟入林，始终和人民在一起，全心全意为人民谋幸福。

始终与人民心连心、同呼吸、共命运

中国共产党来自人民、植根人民，始终坚持一切为了人民、一切依靠人民，得到了最广大人民衷心拥护和坚定支持，这是中国共产党领导力和执政力的广大而深厚的基础。

——2020 年 9 月 8 日，习近平在全国抗击新冠肺炎疫情表彰大会上的讲话

领导干部的一言一行、一举一动，群众都看在眼里、记在心上。干部心系群众、埋头苦干，群众就会赞许你、拥护你、追随你；干部不务实事、骄奢淫逸，群众就会痛恨你、反对你、疏远你。

——2013 年 1 月 22 日，习近平在第十八届中央纪律检查委员会第二次全体会议上的讲话

各级党组织要深刻把握新时代新使命新征程，切实增强政治领导力、思想引领力、群众组织力、社会号召力，大力弘扬中华民族的伟大创造精神、伟大奋斗精神、伟大团结精神、伟大梦想精神，让广大干部聪明才智充分涌流，让各类人才创造活力竞相迸发，形成锐意改革、攻坚克难的良好社会风尚。

——《关于进一步激励广大干部新时代新担当新作为的意见》

党的事业离不开人民群众的支持。群众既是党员干部的服务对象，也是党员干部日常工作中的好老师、好帮手。因此，党员干部必须把团结群众当成中心任务，要善于团结群众。习近平总书记曾经形象地说："中南海要始终直通人民群众，我们要始终把人民群众放在心中脑中。"①

党员干部要团结好群众，首先必须做好群众工作：一要走到群众中去，培养对群众的感情；二要切实解决群众的难题，维护好群众利益；三要引导群众，善于做群众思想工作。用习近平总书记的话来说，做群众工作就要"坚持人民主体地位，时刻把群众安危冷暖放在心上，及时准确了解群众所思、所盼、所忧、所急，把群众工作做实、做深、做细、做透"②。

2004 年，沈浩到安徽凤阳小岗村任党支部书。他深入群众，广泛听取意见，在三年任期内带领全村 108 户人家走向致富。由于和村民建立了深厚的感情，他的任期满时，小岗村全村人都舍不得他走，于是书写手印联名信，请求他留下来。沈浩留下来了，继续带领小岗村发展致富，然而，由于操劳过度，在距离第二个三年任期结束还有一个月时，他因心脏病突发而倒下了。

沈浩出殡时，小岗村的村民集体送行，全村人悲伤不已。

沈浩能得到小岗村老百姓的拥戴，跟他善于团结群众有很大的关系。他不仅走到群众中去，而且踏踏实实地为他们办事，带领他们致富。在基层党员干部中，沈浩不是个例，他们把群众当自家人，不计个人荣辱得失，为群众无怨无悔奉献。

人都是有感情的，你对他好，他才会对你好；你为他着想，他才会向你靠拢。党员干部要赢得民心，获得人民群众的支持，首先必须对群

---

① 《习近平谈治国理政》第 2 卷，外文出版社 2017 年版，第 189 页。

② 《全面贯彻落实党的十八大精神要突出抓好六个方面工作》，《求是》2013 年第 1 期。

众有感情。感情不是天生的，需要后天培养。要自觉地走到群众中去，多和群众相处，多一些交流沟通；当群众遇到困难时，及时为他们分忧解难。唯有真心付出，为群众谋福祉，让群众切实感受到党员干部的真情实感，他们才会把党员干部当成真正的带头人，一心一意跟党走。

当前，基层出现的很多问题可以说都是缘于有的党员干部不会做群众工作、没有做好群众工作，有的甚至是没有想到去做群众工作。要团结群众，党员干部还要加强自我修养，提高自身素质。

2013 年，习近平总书记到河南省兰考县考察，他看到办理婚姻登记的民政大厅墙上贴着几句“服务忌语”：“不知道，你问我，我问谁”“还没上班，谁叫你来这么早”……在现实生活中，有的群众在与政府机关打交道时的确会遇到这些“服务忌语”。党员干部应该换位思考：如果是你听到这种话，你会高兴、满意吗？

《之江新语》中有一篇文章，题为《领导干部要放下“架子”、做好“样子”》，其中讲道：

有少数干部走上领导岗位后，滋生了“当官做老爷”的封建习气，像模像样地端起了“官架子”，独断专行，脾气越来越坏，生活要求越来越高，与下属和群众越来越远。我们要始终牢记，心系群众鱼得水，背离群众树断根。事实充分证明，领导干部做好“样子”，其同群众的关系就密切，工作起来就会得心应手；“官架子”大，其同群众的关系就疏远，工作起来就会举步维艰。

党员干部对群众说不好听的话看似小事，但是，一次言语上的小伤害可能会在群众心里刻上深深的烙印，让他们从此不再信任党员干部，不再向党员干部、向党和政府看齐、靠拢。有的党员干部可能辩解说，说难听的话并非因为心里没有群众，而是脾气不好、性格使然。脾气、性格问题，说到根本，还是修养问题，必须提高党员干部自身修养。

提高修养的最好方法就是读书。“读史使人明智，读诗使人灵秀，演算使人精密，哲理使人深刻，伦理学使人庄重，逻辑修辞使人善辩。”读书不仅陶冶人的情操，还能扩充知识面，使我们在与别人交流时不至无话可说或者言语枯燥无味。

党员干部和人民群众是密不可分的，我们党的最大政治优势是密切联系群众，党执政后的最大危险是脱离群众。得民心者得天下，失民心者失天下。良好的党群关系，是党长期形成的优良传统，是党最宝贵的财富，也是各项工作能够顺利开展的根本条件。基础不牢，地动山摇。只有党群关系基础扎牢，中国特色社会主义事业才能蒸蒸日上、欣欣向荣。

团结不是“结团”，“圈子文化”“码头文化”是分裂文化

弘扬忠诚老实、公道正派、实事求是、清正廉洁等价值观，坚决防止和反对个人主义、分散主义、自由主义、本位主义、好人主义，坚决防止和反对宗派主义、圈子文化、码头文化，坚决反对搞两面派、做两面人。

——2017年10月18日，习近平在中国共产党第十九次全国代表大会上的报告

党内决不能搞封建依附那一套，决不能搞小山头、小圈子、小团伙那一套，决不能搞门客、门宦、门附那一套，搞这种东西总有一天会出事！

——2014年1月14日，习近平在第十八届中央纪律检查委员会第三次全体会议上的讲话

2014年，中央纪委反腐在山西引发了一场“官场地震”。自2014年2月27日山西省人大常委会原副主任金道铭落马后，杜善学、令政策、聂春玉、陈川平、白云及任润厚相继落马。媒体指出，先后落马的七位官员都涉嫌“利用职务上的便利为他人谋取利益，收受巨额贿赂”，有着直接或间接的政商圈关系。12月22日，十二届全国政协原

副主席、中央统战部原部长令计划被调查。令计划曾在山西工作七年，是6月19日被调查的山西省政协原副主席令政策的弟弟。

山西官场“坍塌式腐败”并非个例，有媒体梳理了2014年一整年的反腐成果，发现近年来落马的一些“大老虎”背后都存在着或明或暗、或松或紧的圈子关系。

党员干部为何搞帮派、拉圈子、分码头？有的说，这是为了搞好人际关系，以便更好地开展工作。依我看来，这种说法不过是借口罢了。“坍塌式腐败”等事实表明，党员干部拉帮结派无非是为了找靠山，傍“大人物”，以利于职位升迁。事实上，这种“圈子文化”“码头文化”在中国官场由来已久，历史上所谓的“门阀”“朋党”就是这种腐朽文化的源头。存在不代表合理，历史上诸多死于“门阀”“朋党”斗争的官员事例也表明，在官场上搞拉帮结派那一套，最终会自陷泥淖，害己害人。

晚明时，奸臣魏忠贤凭借皇帝的宠幸，一手遮天，上下臣民“只知有忠贤，而不知有皇上”。当时有个人叫李永贞，在他人介绍下也依附了魏忠贤。找到“靠山”后，他一个月内得到五次升迁。一朝天子一朝臣，崇祯帝即位后，大力清除阉党。这时候，李永贞才感到后悔，常在他的下属刘若愚面前叹气。后来，魏忠贤与同伙李朝钦痛饮后上吊自杀，他的同党也都被清除，李永贞自然也不例外。就连李永贞的下属刘若愚也免不了牢狱之灾。

无论古代还是现代，“圈子文化”“码头文化”本质上都是一种破坏团结的“文化”。封建时期，这种文化会危及帝王政权和社稷民生；在现代，它同样会分裂党，危害党、国家和人民群众的利益。

习近平总书记在十八届中央纪委三次全会上明确指出，党内决不能搞小山头、小圈子、小团伙那一套，决不能搞门客、门宦、门附那一套。在党的十九大上，习近平总书记再次严厉批评这种严重破坏党的政治生态的现象和行为，要求全党同志把党的政治建设放在首位，“全党同志特别是高级干部要加强党性锻炼，不断提高政治觉悟和政治能力，把对党忠诚、为党分忧、为党尽职、为民造福作为根本政治担当，永葆共产党人政治本色”。

党员干部搞“圈子文化”“码头文化”对党的建设至少有三大危害：一是拉帮结派影响党中央权威，破坏全党的团结统一；二是结党营私、勾心斗角影响党内风清气正的政治生态，造成那些想干事、能干事的人由于不愿意同流合污而难以有所作为；三是严重损害党的形象，动摇党在人民群众心中的地位，并最终危害党、国家和人民群众的利益。

具有团结意识、大局意识的党员干部绝不能搞“圈子”“帮派”“码头”。破除“圈子文化”“码头文化”“帮派文化”，党员干部要树立四个认识。

第一，要认识到对党忠诚不是对哪个领导干部个人忠诚。2014 年 1 月，在十八届中央纪委三次全会上的讲话中，习近平总书记强调：不能把党组织等同于领导干部个人，对党尽忠不是对领导干部个人尽忠，党内不能搞人身依附关系。干部都是党的干部，不是哪个人的家臣。党员干部要以平常心看待自己的升迁，不能为了升迁而把哪位领导高高“供奉”起来，为了个人私利而出卖自己的灵魂和党性。党员干部真正的忠诚首先要忠诚于自己的党性，虚荣地攀附权贵是对党性的背叛，更是对人民的背叛。

第二，要认识到在党内拉帮结派对自己有害无益。党员干部在党内搞“圈子”“码头”“帮派”破坏了党的纪律和团结，这么做必定会受到相应的纪律处分。即便党员干部在入“圈子”“帮派”后能得到“提拔”“重用”，那也不过是一时风光而已，最终会被追究责任，山西官场“塌方式腐败”就是最好的例证。

第三，要认识到人民群众的认可才是最有权威、最有效力的认可。党员干部的服务对象是人民，“人民满意不满意”才是衡量党员干部工作合格与否的标准。依附某个领导或许会得到该领导的认可，但是搞“圈子”“码头”“帮派”的领导在根本上就与党和人民群众的利益相违背，所以他们的认可也是不堪一击的。党员干部要想在从政路上走得更稳更远，唯有作风正派、光明磊落、脚踏实地、勤政务实、靠实绩说话。

第四，要认识到做人要有骨气，为官更要有为官的风骨。骨气源于自尊，一个有尊严的人，其为人处世以讲原则为先。这个原则就是先哲孟子提出的：富贵不能淫，威武不能屈，贫贱不能移。做到这几个方面才有“浩然之气”。党员干部不能走上官场，却丢了做人的骨气，为了一点小利益就丧失人格、抛弃党性、出卖灵魂、自降格局，沦为某个领导干部的“家臣”“奴才”。

习近平总书记一再强调：“只要能守住做人、处事、用权、交友的底线，就能守住党和人民交给自己的政治责任，守住自己的政治生命线，守住正确的人生价值观。”①

2019 年 2 月印发的《中共中央关于加强党的政治建设的意见》明确指出，党员干部要“带头做社会主义核心价值观的坚定信仰者、积极传播者、模范践行者。坚决抵制庸俗腐朽的政治文化，自觉抵制商品交换原则对党内生活的侵蚀，狠刹权权交易、权钱交易、权色交易等不正之风，破除关系学、厚黑学、官场术等封建糟粕，坚决防止和反对个人主义、分散主义、自由主义、本位主义、好人主义，坚决防止和反对宗派主义、圈子文化、码头文化”。每一位党员干部都要提高政治站位、提升政治能力，时刻警醒自己，对标高线、不越黄线、不踩红线、不碰底线，始终保持清醒的头脑，认清自己和领导的关系、和同事的关系、和下级的关系以及和人民群众的关系，团结真正该团结的同志、团结广大人民群众，向党中央看齐，始终与党和人民站在一起。

---

① 中共中央文献研究室编：《习近平关于全面从严治党论述摘编》，中央文献出版社 2016 年版，第 177—178 页。

第十一章

不出事

◇ 把好用权的“方向盘”，系好廉洁的“安全带”

◇ 增强“四个定力”，保证“不出事”

◇ 为官“新三慎”，降低从政风险

◇ 有权不能任性，任性必惹事

把好用权的“方向盘”，系好廉洁的“安全带”

初心不会自然保质保鲜，稍不注意就可能蒙尘褪色，久不滋养就会干涸枯萎，很容易走着走着就忘记了为什么要出发、要到哪里去，很容易走散了、走丢了。我们查处的那些腐败分子，之所以跌入违纪违法的陷阱，从根本上讲就是把初心和使命抛到九霄云外去了。不忘初心、牢记使命不是一阵子的事，而是一辈子的事，每个党员都要在思想政治上不断进行检视、剖析、反思，不断去杂质、除病毒、防污染。

——2020 年 1 月 8 日，习近平在“不忘初心、牢记使命”主题教育总结大会上的讲话

2019 年 1 月 11 日，赵乐际在十九届中央纪委三次全会上做工作报告。报告提到，2018 年，中央纪委国家监委立案审查调查中管干部 68 人，涉嫌犯罪移送司法机关 15 人；全国纪检监察机关共对 52.6 万名党员做出党纪处分，对 13.5 万名公职人员做出政务处分；艾文礼、王铁等中管干部主动投案，党的十九大以来共有 5000 余名党员干部主动投案。

大家普遍为两种人“可惜”：一类是不贪不占，只是由于不作为、慢作为被惩处的党员干部；另一类是落马的“能吏”，他们有胆识、有魄力，在某些方面，曾为所在部门、领域、地方做出一些贡献，但因贪

腐落马。

在这些落马的高级干部中，职位不算太高，但反响大、震动强的非仇某莫属：倒不是因为贪得最多，而是他的“能吏”名声最响。回顾往事，还是令人唏嘘不已。

从沭阳县起步，仇某的名字与“改革”密不可分。吏治整顿、城建拆迁和环境治理等措施，让他迅速赢得政声人望，但举报和批判也一路同行。

（摘编自《新京报》2015 年 3 月 27 日）

仇某招致一路批判，主要原因在于他越来越浓厚的“人治”色彩。

一次，他在滇池视察，看中了一块地，而这块地已经被当地某企业租用了，他还是发话说：“这一块地要给我改成绿地。”结果，一旁的滇池市领导只能接话：“按仇书记的指示办！”

又一次，仇某接到投诉信，说某县公安局一位股长的儿子游“霸王泳”，到一位外地投资者开的“健康游泳馆”游泳，非但不给钱，还打了老板。仇某当即撤了股长的职，半年后才让其复职。

一名昆明官员形容仇某治政“像驾驶着一辆巨大的城市坦克，一路碾过”。2015 年春节前，仇某还在记者面前称自己一路被举报，“仕途却是一路惊喜”。然而，这个惊喜却在 2015 年 3 月 15 日那天戛然而止。

仇某无疑属于“超级能吏”，但这样的“能”却包含了诸多误区。以人治推动法治，实际上还是人治；以不民主推动民主，实际上还是不民主。

在我看来，仇某的落马表明：

第一，由于历史的局限和当时国情所囿，传统的治理方式很大程度上以数量增长为导向，以 GDP 硬指标为核心。然而，新时代对未来发展提出了更高的要求，不再单纯以 GDP 论英雄，政府治理方式在转变，党员干部也必须做出相应调整，适应新形势、新要求。

第二，在新时代，追求政绩不能以违规甚至违纪违法为代价，靠违规甚至违纪违法的“非常态”干事，将会带来巨大的潜在经济风险、社会风险和政治风险。

第三，党员干部的政绩观要有所改变，以GDP为硬指标、追求数据好看的政绩观一定要转向追求高质量增长、可持续增长的新政绩观，必须以新发展理念为指导、为归依。

一言以蔽之，党员干部在思想、观念、行为上必须要有一个全新的升级。在依法治国成为我国基本治国方略的今天，必须树立五种理念：质量政绩的理念，即追求有质量的政绩，而不仅以GDP数据为硬指标的政绩；新行政的理念，即以新行政精神导向的行政理念；功过分明的理念，不要以为功劳可以弥补过错，即便是“功臣”，只要犯错，照样追责；法治的理念，坚持走全面依法治国的道路，而不是靠人治做出政绩；程序的理念，不仅注重实体正义，还要追求程序正义，不能靠拍拍脑袋、挥挥手做决策。

从依法治国角度讲，依法行政理念和程序理念是最重要的。

第一，党员干部必须树立依法行政理念。人治和法治是相对的。仇某虽然干出过政绩，但他以人治代替法治、个人凌驾组织的方式从根本上违背了党的政治原则。其结局警醒广大党员干部：无论以什么为理由，都不能违背法治原则，走人治道路必定导致从政危险。

我曾听一位著名法学教授说过：“法律是生存的工具。”广大党员干部必须把法律当成自己的生存工具，保障自由、幸福的工具。

明朝皇帝朱元璋曾问群臣：“天下何人最快活?”群臣各抒己见，众说纷纭，有人回答“金榜题名者”，有人说是“功成名就者”……朱元璋一直摇头，直到有一个人回答：“畏法度者最快活!”

“法令行则国治，法令弛则国乱。”法律是一个人的安全边界，也是自由边界、幸福边界。党员干部不管职位多高，在法律面前都是平等的，要把法律当成自己的生存工具和人生护栏，一言一行以党纪国法为尺码。

党员干部树立法治理念，就是要尊法学法守法，还要懂得用法，以法治思维来做事。一言以蔽之，党员干部必须牢记“任何人都没有超越法律之外的绝对权力”，在工作、生活中坚决不触碰党纪国法这条“高压线”，不能以人治代替法治，用权力取代程序，以个人凌驾组织。

第二，党员干部必须树立程序理念。英国著名法学家丹宁勋爵曾说：“正义不仅要实现，而且要以看得见的方式实现。”“看得见的方式”指的就是程序。2014 年 9 月 5 日，在庆祝全国人民代表大会成立 60 周年大会上，习近平总书记指出，要善于使党的主张通过法定程序成为国家意志。法律的正义体现在法定程序上，党员干部要坚持依法治国，必须树立程序理念，培养程序意识，维护程序正义。

导致仇某“人治”的原因，一方面，是他不注重程序，以个人意志“践踏”了我国的行政制度和行政体系。他的做法无异于对法律的漠视、对党纪国法的挑衅；另一方面，这种看似对人民群众负责，实际上却是不民主、对人民群众不负责。仇某曾在宿迁任职，离任后留给宿迁“医改”的烂摊子；他落马后，昆明的城中村改造又成了一个问题成堆的老大难。

仇某并非个例，一些党员干部正如仇某一样：虽然有做事激情，但缺乏程序意识、法治理念，以个人意志取代科学决策，凌驾组织之上，漠视党纪国法，损害了制度的公正性与权威性，破坏了政府的公信力，最终酿成了大错。

唯有讲法治、重程序，在党纪国法限定的范围内干事创业，才能“把权力关进制度的笼子里”，做到真正依法行政、依法执政。党员干部，特别是领导干部，必须按照习近平总书记在第十九届中共纪委三次全会上的指示检视自身、自察自省，提高政治素质，保证干成事。

增强“四个意识”、坚定“四个自信”、做到“两个维护”，是具体的不是抽象的，领导干部，特别是高级干部，必须从知行合一的角度审视自己、要求自己、检查自己。对党中央决策部署，必须坚定坚决、不折不扣、落实落细。要严守政治纪律，在重大原则问题和大是大非面前，必须立场坚定、旗帜鲜明。要心底无私，正确维护党中央权威，对来自中央领导同志家属、子女、身边工作人员和其他特定关系人的违规干预、捞取好处等行为，对自称同中央领导同志有特殊关系的人提出的要求，必须坚决抵制。党内要保持健康的党内同志关系，倡导清清爽爽的同志关系、规规矩矩的上下级关系，坚决抵制拉拉扯扯、吹吹拍拍等歪风邪气，让党内关系正常化、纯洁化。要带头贯彻民主集中制，服从组织决定和组织分工。要带头建立健康的工作关系，不把管理的公共资源用于个人或者单位结"人缘"、拉关系、谋好处。

增强“四个定力”，保证“不出事”

提高政治能力必须对党的政治纪律和政治规矩怀有敬畏之心。要自觉加强政治历练，增强政治自制力，始终做政治上的“明白人”、“老实人”。

——2020 年 10 月 10 日，习近平在中央党校（国家行政学院）中青年干部培训班上午在中央党校开班式上发表重要讲话指出

领导干部严格自律，要注重自觉同特权思想和特权现象作斗争，从自己做起，从身边人管起，从最近身的地方构筑起预防和抵制特权的防护网。领导干部严格自律，要注重在选人用人上把好方向、守住原则，坚持党管干部原则，带头执行党的干部政策，坚决纠正各种不正之风。领导干部严格自律，要注重防范被利益集团“围猎”，坚持公正用权、谨慎用权、依法用权，坚持交往有原则、有界限、有规矩。领导干部严格自律，要注重自觉主动接受监督，对党忠诚老实，党员、干部决不能以任何借口而拒绝监督，党组织也决不能以任何理由而放松监督。

——2017 年 2 月 13 日，习近平在省部级主要领导干部学习贯彻十八届六中全会精神专题研讨班开班式上发表重要讲话强调

在银行工作的 13 年间，李某的工作能力得到了领导的认可，从一

个最初跑业务的小职员变成了分行行长。然而，2014年末的时候，一封举报信摧毁了他的前程，举报人不是别人，正是他的妻子。

李某妻子张某称，李某“违规违纪腐败贪污贿赂包二奶”，其证据是李某让人将亿元巨额资金转入李某父亲账户，在举报信中，她还附了手机收到的银行通知的截图。

证据面前，李某辩解说，这笔钱是他五六年前从客户那“拉”的一笔存款。他说：“当时客户在县里面不方便，也怕放到别人名下不安全，所以就放到我父亲的账户里了。”

然而，不管做何解释，违背规定就是违背规定。2015年1月，担任招商银行吕梁分行行长的李某被银行书面通知开除，开除的理由是违反了招商银行的“员工禁令”。

人到中年，苦尽甘来的事业没了。李某很后悔，也很不甘心，他说：“我当时年轻急于实现业绩，心里想我为了工作也没有把人家的钱弄过来据为己有。总觉得客户帮了我的忙，完事儿了我把钱给人家打过去就行了。当时的思想认识没有那么深，后来慢慢走上领导岗位知道这些不合规的事情是不能做的，不能为了一点存款就这么干。”

因一时“糊涂”而毁掉职业前程的李某，是一些落马乃至锒铛入狱干部的真实写照。“犯糊涂”的时候，这些人并不觉得自己是在“犯糊涂”，找各种借口来证明自身清白；等到“出事”后才悔之晚矣。由此可见，不能辨识什么是“糊涂”，什么是“不糊涂”，以及不能按照“不糊涂”的要求去做事，是导致党员干部“出事”的重要原因之一。

如何才能避免“犯糊涂”？我在《如何做一名合格的党员干部》中提到党员干部应具备十项素质：讲政治、有信仰、守纪律、勇承担、干实事、善执行、行法治、擅领导、会服务、懂幸福。

本章着重分享讲政治、守纪律和懂幸福的重要性。

党员干部如何做到不“犯糊涂”“不出事”？

第一，讲政治是不出事的基本前提。讲政治就要站稳政治立场、遵守政治纪律和政治规矩，包括党纪国法以及一些未明文列入纪律范围内的工作原则、党内传统和工作惯例。

政治标准是衡量党员干部是否合格的首要标准。政治不过硬，就要一票否决。为官不出事，首先要确保政治合格。习近平总书记在党的十八届四中全会第二次全体会议上严厉指出："共产党不讲政治还叫共产党吗?"纵观那些落马官员，他们的腐败问题归根结底就是政治问题：不懂政治纪律和政治规矩，不明白自身行为界限，该干的事情不好好干，不该干的事情胡乱干，玷污了党的形象，触犯了纪律红线，越过了法律底线，损害了党和人民的利益。

党员干部必须懂政治、讲政治、做政治上的明白人，尤其要记住：千万不能玩弄政治，在一些对错显而易见的问题上犯糊涂。

第二，纪律是不能触碰的高压线。2014 年 1 月 13 日，习近平总书记在十八届中央纪委三次全会上强调："要切实执行组织纪律，不能搞特殊、有例外，各级党组织要敢抓敢管，使纪律真正成为带电的高压线。"

纪律这条"高压线"是无情的，近年来，平均每年有数十万名各层级党员干部因各种违纪违规问题受到纪律处分。赵乐际 2019 年 1 月 11 日在十九届中央纪委三次全会上的工作报告显示，仅 2018 年全国共查处发生在群众身边的腐败和作风问题就达 23.5 万件，处理 30.9 万人。这些数据表明，党员干部在纪律面前千万不要抱有侥幸心理，认为自己可以做不守纪律的特例。

当前，全面从严治党的伟大实践表明，纪律问题已经细化到作风问题乃至思想问题，党员干部更应提高纪律意识，严格自我要求，自我约束。党员干部要遵守六大纪律：政治纪律、组织纪律、廉洁纪律、群众纪律、工作纪律、生活纪律。在这六大纪律面前，党员干部心中要有敬畏，知道什么是"高压线"，才能守得住底线。

2017 年 2 月 13 日在省部级主要领导干部学习贯彻党的十八届六中全会精神专题研讨班开班式上，习近平总书记再次强调党员干部特别是高级干部要始终心存敬畏、手握戒尺，增强政治定力、纪律定力、道德定力、抵腐定力，始终不放纵、不越轨、不逾矩。只有始终把牢"四个定力”，才能永葆共产党人政治本色。

第三，懂幸福才不会“犯糊涂”。2012年11月15日，习近平总书记在十八届中央政治局常委中外记者见面会上的讲话中指出：“我们的人民热爱生活，期盼有更好的教育、更稳定的工作、更满意的收入、更可靠的社会保障、更高水平的医疗卫生服务、更舒适的居住条件、更优美的环境，期盼孩子们能成长得更好、工作得更好、生活得更好。人民对美好生活的向往，就是我们的奋斗目标。”从中看出，于习近平总书记而言，群众的幸福就是他最大的期盼，也是他的幸福。

广大党员干部若能像习近平总书记那样，心里装着群众，“先天下之忧而忧，后天下之乐而乐”，则一定不会做损害群众利益的事情。党员干部要不“犯糊涂”，必须树立正确的幸福观，要以群众的幸福为自身幸福的前提，克己奉公、不谋私利。最关键的是，要珍惜幸福，追求没有后遗症的幸福，不要为了升官发财铤而走险。如何珍惜幸福呢？就是要做到对个人的名誉、地位、利益，要想得透、看得淡，深刻认识党面临的精神懈怠危险、能力不足危险、脱离群众危险、消极腐败危险，不断增强自我净化、自我完善、自我革新、自我提高能力，做到懂规矩、守底线、拒腐蚀、永不沾，树立正确的幸福观。

为官“新三慎”，降低从政风险

对领导干部特别是高级干部来说，加强自律关键是在私底下、无人时、细微处能否做到慎独慎微，始终心存敬畏、手握戒尺，增强政治定力、纪律定力、道德定力、抵腐定力，始终不放纵、不越轨、不逾矩。

——2017 年 2 月 13 日，习近平在省部级主要领导干部学习贯彻十八届六中全会精神专题研讨班开班式上发表重要讲话强调

雷政富因“艳照门”事件落马后，他 75 岁的老母亲哀叹：“做啥子官嘛！”她说，等儿子回来就让他待在她身边，“什么工资都不要，什么钱都不要，什么都不要”。

因涉嫌受贿、滥用职权等，原铁道部部长刘志军被调查。法院对他的一审判决是，数罪并罚，执行死刑，缓期两年执行。在秦城监狱里等待一审判决时，刘志军让人带话给女儿：“千万不要从政！”

《人民论坛》杂志曾做过一项有关“从政风险”的调查，调查结果显示：44% 的受调查者认同“做官也是一种高风险职业”。

根据中央纪委国家监委公布的信息，2018 年查处违反中央八项规定精神问题 65055 起，较 2016 年、2017 年分别增长 59. 34% 、27. 54% ；处理人数 92215 人，较 2016 年、2017 年分别增长 59. 75% 、28. 71% ；给予党纪政务处分人数 65558 人，较 2016 年、2017 年分别增长

54.38%、30.94%。

以上数据和案例，加上官员或者其亲属的陈述，似乎都在表明“做官也是一种高风险职业”。然而，官员落马真的是因为他们处在“高风险”的岗位上吗？又为何在这些岗位上绝大多数领导干部安然无恙，只有极少数人落马？

俗话说：“小心驶得万年船。”无论做什么，不要让人生的航船驶入险境，关键在于清白为人、谨慎做事。新时代，党员干部应做到“三慎”：慎己、慎友、慎亲。

第一，党员干部要慎己，因为“最大的敌人是自己”。纵观那些落马的官员，很多人深陷贪腐泥淖，一些事情明知不可为而为之。可以说，锒铛入狱的结局是他们“有意无意”自找的，害他们的正是他们自己。因此，领导干部降低为官从政风险，首先要慎己。

人是一种动物性和社会性、野蛮与理性相结合的复杂体。正如恩格斯在《路德维希·费尔巴哈和德国古典哲学的终结》中批评施达克时所说：“人是什么？一半是野兽，一半是天使。”人都有两面性，一面是积极向上的，一面是消极的、邪恶的。慎己就是要警惕自己消极、邪恶的一面，使自己始终保持积极的、向上的一面，坚守各种好品格，诸如有道德、讲良心、遵纪守法、追求正义等。

慎己要从四个方面去做：一是慎始，即行使权力要有如履薄冰的心态，克制每一次滥用职权的欲念，防止自己在某一时刻由于放松警惕而犯下过错；二是慎独，要有高度的自觉，即便在无人监督的情况下也要自律，绝不做违背党纪国法的事情；三是慎微，谨记“失之毫厘，谬以千里”的古训，严格要求自己，注重细节，不允许自己犯哪怕很细微的错误。四是慎言，即说话要谨慎，不要说违背党性的话、伤害群众的话。

某位干部因说话不谨慎而被撤职的案例，足以引人深省：

2015 年，一段名为“任性的领导讲话”的视频在网上引起轩然大波。视频中，一间会议室内，一名身穿黑色外套的干部样子的人员大爆粗口，讲道："我们这个单位任何一个同志不要说你是什么按国家规定，国家规定是个狗屁，你们把我这个话记着，你录音就录音，记就记，我任某某就不执行国家规定。""我说他谁是腐败谁就是腐败……这就是我的个性。"

这位任性的领导干部所犯的错误，已经不是爆粗口那么简单了，他说的那几句话完全违背了党性，是毫无政治规矩、心中无党和人民的反映。言为心声，归根结底，说什么话反映出一个人的精神世界和思想灵魂，不会说话的问题背后，是党员干部的"官本位"思想，是错误的人生观、价值观、从政观的折射。正因为如此，那些讲过"雷语"之人往往因言惹事、出事。

党员干部慎言就要做到慎守党性，有纪律和规矩意识、制度意识，对人民有敬畏意识。习近平总书记在 2013 年 6 月全国组织工作会议上指出：有些干部连一些基本规矩都不讲，毫无制度意识、毫无敬畏之心。缺乏为官做人的起码底线，口无遮拦，随心所欲，什么话都敢说，什么事都敢干。

具体而言，慎言要谨慎八种说不得的话：

- 无视法纪的狂话，如"老子上管天、下管地，中间还要管空气""老子要找人来整死你"之类。
- 推卸责任的敷衍话，比如"不管你信不信，反正我是信了"。
- 官腔十足的指示语，比如"你不要打我电话，一打就打局长，局长很不值钱是不是？你群众随便就打我电话……"
- 欠缺服务态度的冷漠话，诸如"你问我，我问谁"之类。
- 罔顾事实的瞎话，诸如"红色的水不等于不达标的水"之类。
- 没有意义的套话、空话，诸如"高度重视""亲自过问""现场指挥""积极……及时……确保……"之类令人反感的官话。
- 无法控制脾气时的粗话，比如"只要冲不了我老百姓，你淹了河南，关我×事"之类。

● 耸人听闻的雷语，诸如“没有强拆就没有新中国”“替党说话还是替人民说话”之类。

第二，党员干部要慎友，“交友不慎，必误终身”。《孔子家语》说：“与善人居，如入芝兰之室，久而不闻其香，即与之化矣。与不善人居，如入鲍鱼之肆，久而不闻其臭，亦与之化矣。”朋友会影响一个人的命运。一个品行端正的人如果结交一个品行不好的人，他的品行也会受到影响。细数那些落马的官员，大都有非正常官商交往的影子，而令人遗憾的是，有的落马官员原本是品行端正、作风过硬的好官，他们最后之所以走上犯罪之路的原因之一就是被商人“朋友”拉下水的。比如已被判死刑的重庆市巫山县交通局原局长晏某某。

2001 年晏某某升任巫山县交通局局长，一些别有用心的人对他更是趋之若鹜。其中周某是重庆一家建筑公司的项目部经理，晏某某认定周某为人不错，算得上推心置腹的朋友。而这位朋友在对晏某某“热心帮忙”之余，提出了承揽工程的要求。想承揽工程的何止周某！随后，包括同学廖某在内先后有 10 多人找到晏某某。7 年时间，晏某某先后与 24 位“朋友”成为利益伙伴，也从他们身上“赚取”了 2226 万元巨款。晏某某后悔当初滥交朋友，说“一旦误入歧途，就会被他们牵着鼻子走”。

（摘编自《人民论坛》2008 年 11 月 5 日）

党员干部一定要谨慎交友，遵循“官商交往要有道”的原则，“道”就是尺度。如何把握好官商交往的尺度呢？就是要做到“‘官’‘商’交往要有道，相敬如宾，不要勾肩搭背、不分彼此，要划出公私分明的界限”[①]。新形势下，要着力构建“亲”“清”新型政商关系。2016 年 3 月 4 日，习近平总书记看望出席全国政协十二届四次会议民

① 邹雅婷：《“亲”“清”在心 各有所遵》，《人民日报海外版》2016 年 8 月 5 日。

建、工商联界委员并参加联组讨论，他指出，新型政商关系概括起来就是“亲”“清”两个字。对领导干部而言，所谓“亲”，就是要坦荡真诚同民营企业接触交往，特别是在民营企业遇到困难和问题情况下更要积极作为、靠前服务，对非公有制经济人士多关注、多谈心、多引导，帮助解决实际困难，真心实意支持民营经济发展。所谓“清”，就是同民营企业家的关系要清白、纯洁，不能有贪心私心，不能以权谋私，不能搞权钱交易。对民营企业家而言，所谓“亲”，就是积极主动同各级党委和政府及部门多沟通多交流，讲真话，说实情，建诤言，满腔热情支持地方发展。所谓“清”，就是要洁身自好、走正道，做到遵纪守法办企业、光明正大搞经营。晏某某就是因为逾越了官商交往的尺度，把商人“朋友”当成取款机，最终被“取款机”反噬。

“亲”则两利，“清”则相安。以违背党纪国法为代价换取的商人“朋友”是不值交往的，他们不过是为了利用你，并不会把你放在眼里。

有一篇题为《贪官与狗》的文章就披露过这样残酷而扭曲的现实。

李某一次在饭桌上与朋友打赌说，“简阳谁最大？王市长（指四川简阳市原市长王某某）。但他只是我养的一条狗，得听我的，我叫他来，他就要狗一样乖乖地来；我要他五分钟到，他不敢六分钟到。”朋友不信。李说：“咱们现场试试。”说完拨了个电话，果然，不一会儿王市长就来了。河北某物资回收公司老板让会计为区里的几位领导发了一份“工资”，会计问如何做账，老板说：“和公司几条狗的伙食记在一起，就算公司多养了几条狗吧。”

（摘编自《蓝盾》2005 年第 11 期）

很多领导干部的工作离不开与商人打交道，但应明白：在打交道的过程中，官员和商人是平等关系，一切都应该按照制度、原则来办事。为官的既不能欺压商人，也不应该唯“钱”是从。要知道，当你为金钱折腰时，不仅丢掉了党的尊严，损害了党的形象，也丢掉了做人的根本，让对方低看、瞧不起。

第三，党员干部要慎亲，因为亲人往往是一个人的“软肋”“弱点”。2015 年 1 月 12 日，习近平总书记在同中央党校第一期县委书记研修班学员座谈时说，各种诱惑、算计都冲着你来，各种讨好、捧杀都对着你去，往往会成为“围猎”的对象。

党员干部要面对的“算计”有时候可能来自家人，比如，随着你的升迁，家里的人和家族的人想请你“帮忙”，搞搞“职位调动”，或者批个条子弄点资源。有时候甚至可能是这样：家人并不要求你做什么，是你主动想为他们做点什么，于是动用权力，为家属谋取私利。国家能源局原局长刘铁男就是典型，他在落马后检讨说，自己的贪是因为“总觉得妻子受了委屈”“想多帮帮儿子”……

亲情是一个人的弱点，但这个弱点不应该成为党员干部腐败堕落的借口。真正为家人着想的党员干部应该算好“亲情账”，要知道，真正为家人着想，最应该做的是监督家人，管好身边人，也让家人监督自己，防止“夫妻贪”“全家腐”，最终被“一锅端”。由于为官者手中掌握着一定的公权力，而权力会对一个人形成具有危害性的诱惑。如何消除这一潜在风险，正是每一名党员干部应该思考的问题。

以上是提出“三慎”的必要性，要想做到这“三慎”，关键在于修身，加强自身的政治修为、道德素质和人格养成。

修身齐家治国平天下，修身为首要。当具备足够优秀的道德品质和纪律、法治素养后，人才能真正由内而外谦谨起来。只有心存敬畏，无论何时都谨慎谨慎再谨慎，才能确保自己在正确、安全的界限内行事。

有权不能任性，任性必惹事

坚决惩治腐败，巩固发展压倒性胜利。要坚持靶向治疗、精确惩治，聚焦党的十八大以来着力查处的重点对象，紧盯事关发展全局和国家安全的重大工程、重点领域、关键岗位，加大金融领域反腐力度，对存在腐败问题的，发现一起坚决查处一起。要深化标本兼治，夯实治本基础，一体推进不敢腐、不能腐、不想腐。

——2019 年 1 月 11 日，习近平在十九届中央纪委三次全会上发表重要讲话强调

要加强对权力运行的制约和监督，把权力关进制度的笼子里，形成不敢腐的惩戒机制、不能腐的防范机制、不易腐的保障机制。

——2013 年 1 月 22 日，习近平在十八届中央纪委二次全会上发表重要讲话强调

2015 年 3 月 5 日，在第十二届全国人民代表大会第三次会议上，李克强总理做政府工作报告，在谈到“加大简政放权、放管结合改革力度”时说，各级政府都要建立简政放权、转变职能的有力推进机制，给企业松绑，为创业提供便利，营造公平竞争环境。最后他做了总结：“大道至简，有权不可任性。”

虽然“有权不可任性”这句话是从政府职能转变的角度来说的，但它可以作为指导党员干部正确用权、安全用权，降低权力带来的从政

风险的根本原则。纵观诸多落马的官员，他们“出事”很大程度上是因为“有权任性”。以权压法、权力寻租、钱权交易、权权交易等跟腐败有关的词语，说明了权力这把利剑是让很多党员干部任性“自伤”的“杀手”。

权力本身并没有错，错就错在某些党员干部有权“任性”了。党员干部有权“任性”的表现大致有三种。

第一，认为有权就比群众厉害，将自己置于人民群众之上，以权压民。

2014 年 11 月 2 日，河南省淇县供电公司朝歌供电所所长杨某、员工王某等 6 人在当地一家 KTV 消费，醉酒后闹事，在与用电客户发生纠纷时，王某多次扬言“给你们停电，让你们知道知道电老虎的厉害”，杨所长没有阻止王某的行为。结果，下午 3 点多，河南淇县北环、南环、上街和红旗路等，全城城区近 1/2 区域，3000—5000 个用户停电长达 6 小时。

事后，杨某、王某等人都受到了相应的行政处分及纪律处分。

王某把权力当成个人财产，这是他犯“有权任性”这种错误的根本原因。他的事例警醒党员干部：人民赋予的权力属于公共资源，用权必须谨慎，不能有丝毫的任性。

第二，滥用职权，以权压法，满足个人私欲或者为个人谋利。

内蒙古自治区政府原副秘书长、法制办主任武某某，拿公款帮助妻子搞房地产开发，当有人提醒他“这事得经过自治区政府批准”时，他说：“我是谁？我是自治区政府副秘书长，我就能代表政府！”

纵观诸多贪污腐败的落马官员，无视法律、滥用职权的“任性”是他们落马的最主要原因，包括周永康、薄熙来、徐才厚、郭伯雄、令计划、孙政才等“大老虎”，都是这方面的典例。这些“大老虎”的落马不仅反映出党中央的反腐力度之大，同时也深刻说明领导干部用权不能“任性”的道理。

第三，虽无谋私之心，但越位用权，不在其位却谋其政。

《韩非子·二柄》记载有这样一则故事：

昔者韩昭侯醉而寝，典冠者见君之寒也，故加衣于君之上。觉寝而说，问左右曰：“谁加衣者?”左右对曰：“典冠。”君因兼罪典衣与典冠。其罪典衣，以为失其事也；其罪典冠，以为越其职也。非不恶寒也，以为侵官之害甚于寒。故明主之畜臣，臣不得越官而有功，不得陈言而不当。

这故事说的是，韩昭君酒醉后，负责管理君主帽子的“典冠”去问负责管理衣服的“典衣”要了件衣服，给韩昭君盖上。韩昭君醒后觉得典冠越位用权当受罚，“典衣”将衣服交给不该交给的人属于失责，也当受罚，于是将二人都降了职。

《论语》中说：“不在其位，不谋其政。”《周易》中也说：“君子以思不出其位。”越位越权属于无视制度的行为，即便出发点是好的，也不能改变其用权“任性”的本质。

对于党员干部而言，越位用权不仅会对工作制度、党纪造成破坏，在党内形成不良的工作作风，而且会损害政府的公信力，在人民群众中间造成不良影响。

2014 年 8 月，四川眉山市气象局办公室副主任郑某在大理市开车撞死了一个路人，被检察院提起公诉。他的领导念及他平时工作认真负责，纪律也很好，还曾多次被评为“眉山市优秀公务员”，于是以单位之名义向法院递交免予刑事处罚函。此事被媒体报道后，有人指出：“王子犯法尚且与庶民同罪，撞人顶包，又岂能免于处罚？社会主义法治又岂能随意践踏？这是权力泛滥，赤裸的公权私用。”

“没有规矩，不成方圆。”党员干部用权必须守规矩，其中遵循的一个原则就是“在其位谋其政，不在其位，不谋其政”。工作要尽职尽责，权力行使要“到位”但不能越位、错位。越位、错位用权等于藐视章法和制度。

党员干部如何做到有权不任性？领导干部又如何确保下属有权不任性呢？须从两方面去做：一要敬畏权力，牢记“权为民所赋，权为民所用”的道理，科学用权、依法用权、合理用权、谨慎用权；二要切记不能以信任代替监督，要知道“严是爱，松是害”“把权力关进制度笼子里”，建立完善的工作责任制和监督机制，督促相关工作人员按规章制度、在规定范围内行使权力。

第十二章

善补事

◇ 干事出问题不可怕，关键在于善补事

◇ 坚持底线思维，着力防范化解重大风险

◇ 善待失败，立功补过

◇ 上级要敢担事，下级要能顶事，同级要会圆事

干事出问题不可怕，关键在于善补事

人无精神则不立，国无精神则不强。唯有精神上站得住、站得稳，一个民族才能在历史洪流中屹立不倒、挺立潮头。同困难作斗争，是物质的角力，也是精神的对垒。

——2020 年 9 月 8 日，习近平在全国抗击新冠肺炎疫情表彰大会上的讲话

2019 年 3 月 21 日 14 时 48 分许，江苏盐城市响水县陈家港镇天嘉宜化工有限公司化学储罐发生爆炸事故，并波及周边 16 家企业。经全力处置，现场明火已被扑灭，空气污染物指标在许可范围内。截至发稿时，事故已造成 47 人死亡、90 人重伤，另有部分群众不同程度受伤。

正赴国外访问途中的习近平总书记立即作出重要指示，要求江苏省和有关部门全力抢险救援，搜救被困人员，及时救治伤员，做好善后工作，切实维护社会稳定。要加强监测预警，防控发生环境污染，严防发生次生灾害。要尽快查明事故原因，及时发布权威信息，加强舆情引导。习近平总书记强调，近期一些地方接连发生重大安全事故，各地和有关部门要深刻吸取教训，加强安全隐患排查，严格落实安全生产责任制，坚决防范重特大事故发生，确保人民群众生命和财产安全。

（摘编自新华网 2019 年 3 月 22 日）

大到重大安全问题，小到日常工作，上上之策，是防患于未然，不

要等到发生问题、酿成错误再补救。但如果事故已经发生，酿成错误，就必须立即采取行动，快速补救，避免次生灾害和次生损失。这就是补救能力。特别是当前，世界进入动荡变革时期，国内也存在诸多不确定因素，党员干部在工作中将会面临更多难以预估的风险和挑战。我们必须学会在一个更加不稳定不确定的世界中谋求发展，其中很重要的能力，就是善补事的能力。

当然，绝大多数党员干部，面对的都是日常普通工作，很少涉及或者不会涉及危险工种、特殊行业。如果犯错造成失误，还有补救的余地。

“人无完人，孰能无过?”党员干部也是普通人，当然也不例外。“亡羊补牢，为时未晚。”犯错、出事并不可怕，只要及时弥补错漏，就能防止事态恶化，挽回损失。党员干部如何提升善补事的能力呢？这需要遵循四大原则：一是敢于承担责任，主动补事，不卸责、不拖延；二是领导干部在关键时刻要能顶事，善于为其他人救火、补事；三是要有团结精神、大局观，不能各扫门前雪，事不关己高高挂起；四是要虚心吸取教训，做到事后建立保障机制，防止再犯同样的错误。

当前，一部分党员干部过于敏感，不求有功，只求无过，在困难和挑战面前畏首畏尾、瞻前顾后、躲躲闪闪；一出现问题、面对失误又采取躲避、推诿的态度，恐怕责任落到自己头上，受到批评和处分。这种态度要不得。

2012年11月16日，毕节市一垃圾箱内发现5名男孩死亡。经调查，这5名男孩是流浪儿童，其死因是在垃圾箱内烤火取暖，导致一氧化碳中毒。这一事件被媒体披露后，贵州毕节市何官屯镇政府竟然采取了这样的措施：在垃圾箱上喷红色大字——“严禁人畜入内，违者责任自负。”标语一出，立即引起了诸多网友的声讨。相比由于地方有关部门不作为而导致5名男孩不幸死亡引起的民众谴责，这一句标语引起的谴责声音更大。

为什么何官屯镇政府的补救措施引来一片骂声？因为那样一句警示语缺乏人文关怀，是一种不敢承担、推卸责任的行为，它说明有关干部根本没有对惨剧做出深刻反思，而是直接把责任推给了不懂事的孩子们。如果有关领导干部痛定思痛，深刻反思，真正担当起事故责任，就不会出现这种冷漠无情的标语，而会从悲剧发生的根本原因着手，制定相应措施，解决当地公共安全问题。

党员干部不能由于担心遭到责任追究隐瞒问题，而要主动担责，快速补救。越主动，就越容易掌控事态的发展；越快速，就越能把损失降到最低，防止危害进一步扩大，牢牢把握主动权。

第一，领导干部尤其要有担当精神，能顶事，善于“扑火救灾”。补事从根本上来说也是干事。要想干成事，领导干部一定要发挥带头作用，以身作则，走在前列。此外，在出事后，往往容易人心涣散、情绪低落。这时候，领导干部一句“跟我来”，往往能在关键时刻扭转组织氛围，提振士气。所谓“精神一振天地宽”。

第二，无论是领导干部还是普通党员，要想成功补事，团结协作精神必不可少。我们党是一个大集体，在这个大集体之下，每一级党委、每个党支部又是一个小集体。人人关联、层层关联，每一位成员都不是孤立的。一个党员干部犯错，会给他所属的小集体带来各种不良影响，继而会影响到党的形象。所以说，即便出事的责任主要在某一党员身上，其他成员特别是领导干部也不能抱着事不关己，高高挂起的态度，而要和犯错之人同心协力，弥补过失。一言以蔽之，补事要有集体观、大局观，不能各扫门前雪。

第三，要想成功补事，还要吸取失败教训，对症下药。只有真正认识到错误根源，清楚事情在哪个环节出了错，才能做到防患于未然。

从失败中吸取教训，党员干部需培养两种心态。

一是“空杯”心态，即放下自己的偏见和傲慢，认识到自己的不足，保持谦虚学习的热情。

古时候一个佛学造诣很深的人，听说某寺庙里有位德高望重的老禅师，便去拜访。老禅师的徒弟接待他时，他态度傲慢，心想：我学养深厚，你年轻小和尚算什么？老禅师恭敬地接待了他，为他倒水沏茶时，明明杯子已经满了，老禅师还不停地倒。他连忙制止："大师，为什么杯子已经满了，还要往里倒?"大师说："是啊，既然已满了，干吗还倒呢?"

工作失误之后，只有先腾空自己的偏见和错误认知，才能真正总结出失误的原因并吸取教训，加以纠正。若仍抱着偏见，认为自己是对的，把责任推给偶然因素或者他人，就不能得到真正的教训，或者说那样的教训只是停留在表面，难以化为自己的经验。如此，以后还会犯同样的错误。

二是要加强责任意识、强化担当精神。很多时候，党员干部犯错误、出现失误，根本原因是思想认识不足，对一些非明确属于自身职责范围的事情不够重视。比如，一位党委书记认为财务管理方面的事情属于行政职能，不在他职责范围内，故而发现财务管理出了问题，既不呈报也不加以解决纠正，最终导致小问题变成大问题，难逃其责。

无论犯了何种错误、出了何种问题，要想真正吸取教训，党员干部都必须改变自己的态度，强化责任意识。不做这个改变，吸取教训就是一句空话。

坚持底线思维，着力防范化解重大风险

当前和今后一个时期是我国各类矛盾和风险易发期，各种可以预见和难以预见的风险因素明显增多。我们必须坚持统筹发展和安全，增强机遇意识和风险意识，树立底线思维，把困难估计得更充分一些，把风险思考得更深入一些，注重堵漏洞、强弱项，下好先手棋、打好主动仗，有效防范化解各类风险挑战，确保社会主义现代化事业顺利推进。

——《关于〈中共中央关于制定国民经济和社会发展第十四个五年规划和二〇三五年远景目标的建议〉的说明》

坚持以新时代中国特色社会主义思想为指导，全面贯彻落实党的十九大和十九届二中、三中全会精神，深刻认识和准确把握外部环境的深刻变化和我国改革发展稳定面临的新情况新问题新挑战，坚持底线思维，增强忧患意识，提高防控能力，着力防范化解重大风险，保持经济持续健康发展和社会大局稳定，为决胜全面建成小康社会、夺取新时代中国特色社会主义伟大胜利、实现中华民族伟大复兴的中国梦提供坚强保障。

——2019 年 1 月 21 日，习近平在省部级主要领导干部坚持底线思维着力防范化解重大风险专题研讨班开班式上的讲话

春秋战国时期有个名医叫扁鹊，他四处行医，名扬天下。齐国国君十分仰慕他，想封他为“天下第一神医”。扁鹊不肯接受，说自己的医

术并非天下第一，他的两个哥哥比他还高明。齐王感到很奇怪：“既然你的两个哥哥比你还高明，为什么他们没有名气呢？”扁鹊说：“我二哥能透过细微的症状判断一个人得了什么大病，从而及时治疗；我大哥只要看人一眼就能预测这个人的健康状况，在其病发前就进行治疗。村里人都觉得我二哥厉害，但我家人知道，大哥是最厉害的。我既不如二哥那样能够以小治大，更不如大哥那样能做到防患于未然，因此怎敢当‘天下第一’？”

医术的最高境界不是治病，而是预防疾病，按中医的说法，叫“治未病”，治病治于未病时。等有了病再去医治，一则未必能医好，二则患病的过程很痛苦，三则浪费不必要的资源。

党员干部要善补事，最好的补事方法是在事情出现小苗头，甚至苗头未发之前就主动防患，补救小错漏防止大错漏，补救小患防止大患。《道德经》中讲的“其安易持，其未兆易谋；其脆易泮，其微易散。为之于未有，治之于未乱”就是这个意思。习近平总书记一再强调的底线思维——凡事从坏处准备，努力争取最好的结果，做到有备无患、遇事不慌，牢牢把握主动权——强调的也正是这个道理。2019 年春节前，中央举行过一次级别很高的会议，李克强总理主持，习近平总书记做重要讲话，“省部级主要领导干部坚持底线思维着力防范化解重大风险专题研讨班——主题就是底线思维问题”。

黔东南基层组织建设网等媒体的一篇报道很有助于党员干部，特别是基层党员干部，了解、学习、借鉴运用底线思维、靠前思维。

扬武乡有 2 万多群众，95% 以上是苗族。一个个村寨，地处大山深处。多年来，因地界纠纷、土地纠纷、山林纠纷，矛盾错综复杂，常有村民因矛盾纠纷到乡里上访，影响社会安定。

“与其让老百姓上访，不如我们主动下访”，让矛盾不出村。这是杨金玉常说的一句话。

2007 年“7 · 26”丹寨发生特大洪涝灾害后，三都、丹寨两县研究决定砍伐雷劈塘林场木材支援灾区。但是，雷劈塘林场多年来因股权纠纷，问题一直没有得到解决。2007 年 12 月 30 日，200 多村民到雷劈塘木材砍伐现场要求三都来东村群众用木材兑现分成。双方情绪激动，群体性械斗一触即发。闻讯后，杨金玉及时赶到现场，一面耐心向群众做解释疏导，一面将事态向上级部门报告，为这一可能引发群体性械斗的事态得到平息赢得了宝贵时间。

为解决雷劈塘林权，杨金玉多次下到排莫村了解情况。有一次，他同乡里的两名同志到村里了解民意，在返回的时候天已快黑，途中听到山上乱石响动，待三人刚跑过，山上的土石滚了下来，把整个路面全部覆盖。只要稍微慢一秒的时间，他们三人便葬身于沙石之中。

2008 年 11 月 12 日，袁学忠等 200 多村民以"两高"办对夏蓉高速公路补偿标准低为由，到 T11 标段设卡堵工，要求提高补偿。杨金玉得知这一情况后，立即前往工程现场，经过对村民耐心解释，使村民明白夏蓉高速公路建设对贫困山区致富的重要性。当天下午五时许，设卡堵工的 200 多村民全部撤离，一场群体性阻工事件避免了。

扬武乡党委书记陆忠奎说："过去我们乡里土地纠纷较多，杨金玉到司法所工作以来，知法、懂法的人多了，违法的人少了，纠纷上访的人更少了。"

杨金玉的工作思路和实践方法给我们很大启示。近年来，某些党政机关行政执法过程中存在的不当行为或违法行为，造成了一些人不断上访，并催生了一些群体性突发事件。群众"闹事"是让基层党员干部最头痛的事情之一，遇到这一"麻烦事"，有的干部习惯性地认为都是因为群众"不懂事"。出了这种事情后，他们往往不知如何应对，想息事宁人却由于没有深入细致了解群众的诉求而不知道从何下手，有的干部则只会靠出动警力来"维稳"，以硬碰硬，结果导致冲突升级。如此"补事"，显然无效，甚至起到相反效果。杨金玉"与其让老百姓上访，不如我们主动下访"，及时维护了群众利益和社会安定。这种做法灵活运用了习近平总书记强调的底线思维和靠前思维，因此能够牢牢把握主动权，及时解决小矛盾小冲突，阻止了群众“闹事”的进一步恶化。

党员干部如何学习运用底线思维、靠前思维呢？

第一，要具备忧患意识。习近平总书记提出的底线思维和靠前思维，就是要求大家增强忧患意识，这样在做事情的时候才会从方方面面去考虑，防止出现任何失误，尤其是战略性和全局性的失误。如果具备忧患意识，在做事之前就会全面了解实情，对事情的发展做出预测，从而做好防患准备，“做到有备无患、遇事不慌，牢牢把握主动权”；具备靠前思维，凡事多想一步、想远一点，提前思考风险和沙盘演习，提前设定防火墙，遇到问题敢于面对、勇于承担，把自己摆进去、摆在前面，甘于也敢于做第一道防线。

第二，在小问题发生后要争取在第一时间回应群众诉求，快速解决问题，靠前化解危机，正确引导社会舆论。补救工作如同急救，必须有速度，拖延时间，很有可能造成无法挽回的损失，陷入被动和恶性循环。

面对突发情况时，党员干部一定要反应灵敏，及时出手，应切记“四不”：不要因小问题耽误解决重大问题；不要过于拘泥于某些固定的程序，为了所谓“汇报”而延误时机，致使问题恶化，在关键时刻，要关口前移，靠前行动；不要害怕担责，找理由说“这不归我管”；不要为了个人和小团体利益而罔顾事实，隐瞒不报，致使问题恶化。

第三，党员干部，特别是领导干部，在处理紧急情况时要靠前站，敢担当，身先士卒，冲锋在前，如此才能掌握实情、高效指挥，组织和协调各方面情况，团结各方面力量，以最快速度遏制事情往坏的方向发展。

善待失败，立功补过

我们要坚持改革开放正确方向，敢于啃硬骨头，敢于涉险滩，既勇于冲破思想观念的障碍，又勇于突破利益固化的藩篱。

——2012 年 12 月 7 日至 11 日，习近平在广东考察时的讲话

把“三个区分开来”的要求具体化，正确把握干部在工作中出现失误错误的性质和影响，切实保护干部干事创业的积极性，为担当者担当，为负责者负责。对基层干部特别是困难艰苦地区和奋战在脱贫攻坚第一线的干部，给予更多理解和支持，在政策、待遇等方面给予倾斜。

——《关于解决形式主义突出问题为基层减负的通知》

2020 年 11 月 2 日，习近平总书记主持召开中央全面深化改革委员会第十六次会议并发表重要讲话。他强调，“十三五”以来，全面深化改革取得重大突破。“十四五”时期我国将进入新发展阶段，改革又到了一个新的关头。改革开放是决定当代中国命运的关键一招。当前，改革已进入“深水区”，剩下很多难啃的“硬骨头”，诸多问题的闯关和解决都是对党员干部的巨大考验。

要想解决深水区的各种难题，啃下各种横亘在前进路上的“硬骨头”，需要有一种敢闯敢试敢冒险的激情和锐气，有一种不怕失败不怕犯错、犯错就改、改完继续前进的担当和魄力，不为任何风险所惧、不为任何干扰所惑，精进勇猛、披荆斩棘、大刀阔斧、前赴后继，在大有

可为的时代担当起重任。当然，工作中难免失误和犯错，甚至有时，做的越多，失误越多。新时代的改革促进派和实干家，一定要有勇于探索不怕失败的勇气。当遭遇失误甚至失败时，要敢于面对、善于面对。

我们先看看春秋中期晋国名将荀林父的故事。

鲁宣公十二年（公元前597年），晋楚“邲之战”爆发。荀林父担任晋军中军元帅，相当于最高指挥，但他缺乏决策力，没有树立权威，导致晋军部队军心涣散，将领们各行其是。最后，晋军惨败给楚军。

荀林父知道他自己对战败负很大责任，回国后，主动向晋景公请求赐死。晋景公本打算答应赐其死罪，经太傅士贞子劝说，才没有答应，而是让荀林父立功赎罪。荀林父十分感谢晋景公的不杀之恩，他吸取失败的经验，在之后的带兵训练中努力弥补自己作为将领的不足，诸如缺乏威信、不敢决策等。经过多次大小战役后，他终于成为一名优秀的将领，为晋国打赢了几场重大的战争。

两国争霸，胜王败寇，荀林父败于“邲之战”可谓“出了大事”，回国后很可能被杀头。难能可贵的是，他没有逃避责任，而是主动请罪。某种程度上可以说，正是他的这种态度使得士贞子对他起了敬佩之心，并劝谏晋景公饶他一命，给他立功赎罪的机会。也正是他的这种态度，晋景公才听从了士贞子的谏言。

荀林父在“出事”后表现出的这种敢于担当负责的精神，值得后人学习。同时，他的故事也启迪后人：失败后的惶恐固然可以理解，但应明白，惶恐担忧是没有任何价值的，真正能缓解恐惧的方法是勇于担责，真正能弥补过错的办法是吸取教训，及时纠正——这也是最为难得的补事之道。那么，党员干部应该如何对待失败呢？

第一，要学会善待失败。善待失败，就要直面失败，不要把失败看成老天给自己的不公待遇，而要把它看成发现自身不足、磨砺自己，让自己更加强大的机会。

“有氧运动”的提出者库柏曾提出一个理论，叫作“善待疾病”。

意思是说，当患病之后，如果不是什么大病，我们不应该太过于依赖药物，因为疾病是在帮助我们调节身体，正确的做法是以平常心对待疾病，通过有氧运动来配合身体的自我调节机制，完成促进身体的自我调节。

要做到善待失败，就要对失败保持平常心：不纠结于失败而萎靡不振，也不轻视失败，认为失败纯属偶然，而要理智地看待失败，分析失败的原因，牢记教训。

一个能够善待失败的人，必定也能善待成功，其为人处世会宠辱不惊、自信淡定，这种精神力量足以支撑其持之以恒地干成一件事。

第二，要学会吸取教训，保证不再犯同样的错误。亡羊补牢不能是盲目的、表面的，而要补到实处、要害处，这就要求党员干部必须学会从失败中吸取教训，避免第二次犯同样的错误。

《论语》中，鲁哀公问："弟子孰为好学?"孔子曰："有颜回者好学，不迁怒，不贰过。"能够吸取教训是好学、踏实做事、积极进取的表现，颜回能做到同样的错误不犯第二次，说明他真正好学，善于从错误中吸取教训，故此孔子给予他很高的评价。

日本著名企业家和田一夫曾说："同样的错误不能犯两次，这是一个领导者应该具备的素质。八佰伴倒闭后，我花了整整一年的时间反省自己，现在我把经验告诉大家，希望你们不要犯同样的错误。"

正所谓"吃一堑，长一智"，党员干部面对失败，不能陷入消极的自怨自艾，甚至怨天尤人中，而应勇于担当责任，特别是要学会吸取教训，让失败为成功铺路。只有取得成功，才能最大化地弥补失败所造成的损失。

上级要敢担事，下级要能顶事，同级要会圆事

能否敢于负责、勇于担当，最能看出一个干部的党性和作风……要用知重负重、攻坚克难的实际行动，诠释对党的忠诚、对人民的赤诚。

——2019 年 3 月 1 日，习近平在中央党校（国家行政学院）中青年干部培训班开班式上发表重要讲话指出

必须坚持激浊和扬清两手抓，让党内正能量充沛，让歪风邪气无所遁形。激浊，首先要铲除腐败这个最致命的“污染源”，下大气力拔“烂树”、治“病树”、正“歪树”。要深入推进作风建设，对作风之弊进行不间断的排查、检修、扫除，最大限度压缩党内不良行为的生存空间。扬清，关键是要扬选人用人之清，落实好干部标准，坚持正确用人导向，真正让那些忠诚、干净、担当的干部得到褒奖和重用，让那些唱对台戏、身在曹营心在汉、阳奉阴违、阿谀逢迎、弄虚作假、不干实事、会跑会要的干部没市场、受惩戒，纠正“劣币驱逐良币”的逆淘汰，以用人环境的风清气正促进政治生态的“山清水秀”。要扬党内关系之清，倡导清清爽爽的同志关系，规规矩矩的上下级关系，让党内关系全面回归正常化、纯洁化。

——2016 年 6 月 28 日，习近平在十八届中央政治局第三十三次集体学习时的讲话

《人民日报》曾连发三篇评论员文章，“三论”领导干部要奋发有为：一论“不贪不占，岂能也不干”，二论“要调心态，更要在状态”，三论“千难万难，畏难才真难”。第二论中特别指出：

如果脑子不装事、心里不想事、手里不干事，不犯事但也不顶事，这样的干部有什么价值？……有抱负、敢担当，在其位、谋其政，这是起码的为政之德。

关键时刻、危机当前，面对危险，是否敢担当，能顶事，喊一声“跟我上”，而不是吼一声“给我上”，是检验领导干部政治品格和党性修养的试金石。特别在下属工作失误、组织声誉受影响时，看一个领导干部到底合不合格，就看他能不能事不避难，站出来，顶上去，挡在前面，知重负重，攻坚克难。当然，这里所谓的敢担事不是包庇下属，为其文过饰非，而是指领导干部不能把责任一股脑儿推给下属，要有担当、敢担当、能担当，解决问题，化险为夷，化解危机。实际上，按照有关规定，下属出错，领导干部同样有责。中共中央 2019 年 8 月 25 日印发的《中国共产党问责条例》明确界定并规定了各类领导责任，其中第六条规定：“党组织和党的领导干部应当坚持把自己摆进去、把职责摆进去、把工作摆进去，注重从自身找问题、查原因，勇于担当、敢于负责，不得向下级党组织和干部推卸责任。”

当前，个别领导干部存在着不敢负责、不敢承担的问题。这类不敢认错、不敢担事的领导干部在出现失误后往往就会采取鸵鸟政策，推诿、卸责、敷衍、掩盖，不敢真正面对问题，也就无法真正解决问题。

要想做到善补事、补成事，领导干部一定要以身作则、以上率下、带头补事，修炼自己应对突发事件和危机的胆识、智慧、谋略和能力，关键时刻站出来、冲上去，发挥头雁作用。

唐宪宗时期，裴度任中书令。一天，他正在与同僚商议事情，一个下属慌慌张张跑来报告说中书省的大印丢了。当官的丢了大印在那时可是件大事，不仅丢印之人很可能会因此丢官、掉脑袋，其上司也难逃其责。但裴度并没有表现出很惊慌的样子，只是点点头表示知道了。在场同僚替他着急，让他赶紧查办。裴度却摆手示意大家坐下，并告诫大家说："这件事千万不能张扬出去，大家就当作没有丢印一样。"

当天，裴度和其他人痛饮到深夜，就在大家都喝得差不多时，其下属又跑来报告说，大印被放回了原处。这时的裴度依然没有表露出喜悦的神色。

为何裴度在出事后不惊不慌呢？他后来对府上人员解释说：印丢了，可能是哪位管印的官员私自拿去用了，恰巧又被你们发现了。如果一开始就大造声势严厉追究，他由于担心东窗事发，必定要销毁证据。假若如此，事情就更为糟糕。

下属犯了错、出了事，裴度却不慌不忙，这不是因为他没有责任心，懒得管事，息事宁人，恰恰是因为敢于担责，具有担当的智慧。通过裴度的故事，领导干部可以借鉴他在下属犯错时的应对措施。

第一，要敢于担当，不推诿不敷衍不卸责。试想，若是裴度没有担责精神，他可能会这么做：听闻大印丢失，首先盘算如何把责任推给那位私自用印的官员，然后上报问题并同时大张旗鼓地严办。这样做的结果可能正如他所预料：犯错的官员销毁证据，案件查起来就更难了。有的领导干部在"麻烦事"面前，习惯让下属去"顶事"。在好事面前，总想着自己"出头"。很多问题不是早已存在的，而是自己制造出来的，如果解决问题没有"跟我来"的战斗精神，自己很可能会成为问题。用日本能率协会理事长畠山芳雄的话来说："这样的干部辞职吧！"

领导干部一定要做到守土有责、守土负责、守土尽责，敢作敢当敢为：村里能解决的，决不能推到镇里；镇里能解决的，决不能推到县里；县里能解决的，决不能推到市里；市里能解决的，决不推到省里；省里能解决的，决不推到中央。"院外起火"，就要在院外把"火"给灭了，不能等"火"烧到院里才采取措施，更不能引"火"进院。当然，对于犯错的下属，该纠正的纠正，该处分的处分，该惩罚的还是要惩罚。总而言之，领导干部要学会就地解决问题，靠前化解风险，决不后退，要把自己当作最后一座堡垒。

第二，领导干部要对犯错下属给予适度宽容。有一种领导干部，一听闻下属犯错便怒火中烧，首先想到的就是惩罚、处分。这种想法有一定合理性，但从效果上来说却不是最好的。因为，当领导干部过于慌张或者愤怒时往往容易失去理智，从而采取过激的处理措施。“裴度丢印”的故事告诉我们：下属犯了错，领导干部要站在犯错下属的角度上想问题，适度处理问题，才能把错误造成的影响降到最低，并帮助下属化消极为积极，化被动为主动，改正错误，提升能力。

领导干部能够在下属犯错时，在不违背党纪国法和工作原则的前提下，给予适当、合理的宽容，有两大好处。

一是能凝聚人心，团结下属。倘若领导干部胸怀宽广，给犯错下属一个机会，下属一般都会抱着感恩的心态，认真反省、将功补过，在以后的工作中会更加尽心尽力，忠于职守。当然，原谅并非纵容和包庇，只有在遵守党纪国法的基础上做到人性化，才能让下属更加敬重、敬爱、服从领导，构建良性、和谐的上下级关系。

二是可以提升下属的能力。提升党员干部的行政能力和执政能力需要做一些尝试和“冒险”，这一过程不可能与错误绝缘。因此，领导干部不能因为下属犯一次错便否认他的能力，而要酌情给予下属机会。下属若是能够得到将功补过的机会，同时得到领导的指导，便能够吸取教训，提高工作能力。

从中央顶层设计层面，也对干部成长中的容错纠错机制做了规范，以鼓舞广大党员干部干事创业。作为领导干部，要坚决贯彻中央指示，满怀热情关心关爱干部，政治上激励、工作上支持、待遇上保障、心理上关怀，增强干部的荣誉感、归属感、获得感，不断激励、鞭策干部，为他们撑腰鼓劲、呐喊加油。

2018 年 5 月，中共中央办公厅印发的《关于进一步激励广大干部新时代新担当新作为的意见》对建立激励机制和容错纠错机制，进一步激励广大干部新时代新担当新作为做出明确的规定，提出“建立健全容错纠错机制，宽容干部在改革创新中的失误错误，把干部在推进改革中因缺乏经验、先行先试出现的失误错误，同明知故犯的违纪违法行为区分开来；把尚无明确限制的探索性试验中的失误错误，同明令禁止后依然我行我素的违纪违法行为区分开来；把为推动发展的无意过失，同为谋取私利的违纪违法行为区分开来”，切实为敢于担当的干部撑腰鼓劲，为他们消除顾虑，引导干部争当改革的促进派、实干家，专心致志为党和人民干事创业、建功立业。

上级要敢担事。同样，作为下级，遇到问题，也不能推诿、逃避、消极应付，在关键时刻要能冲上前去、能顶事，替中央和上级分忧解难；同级之间，遇到难题，也不能各扫自家门前雪、抱着看笑话的心态作壁上观、冷漠对待，更不能互相拆台，要协同作战、追求共赢、会圆事，帮助自己同志查缺补漏，让事情更圆满。

当然，这都不能违背党性原则和党的纪律，不能违反国家法律，不能与错误甚至犯罪行为互相勾结、互相包庇、共谋互串、沆瀣一气，破坏政治规矩、污染政治生态。正如习近平总书记反复要求的，要严肃党内政治生活、净化党内政治生态，实现真正的同志关系清爽、干部清正、政府清廉、政治清明。